「教師力」向上の鍵

「メンターチーム」が教師を育てる、学校を変える!

横浜市教育委員会 編著

時事通信社

はじめに

　横浜市では、「教育のまち・横浜」の実現を目指すべく、平成18年10月に、「横浜教育ビジョン」を策定しました。同ビジョンでは、「教育」が果たしている普遍的な役割に加え、横浜市が目指す「人づくり」の観点から、"横浜の子ども"を育む上で大切にすべき3つの基本「知・徳・体」と2つの横浜らしさ「公・開」という5つの目標と7つの方針などを示しました。

　平成22年度には、改正教育基本法の理念や国の「教育振興基本計画」をふまえ、「横浜教育ビジョン」の後期5カ年を見通した上で、「横浜市教育振興基本計画」を策定いたしました。

　教育は、国の行く末を決める未来への投資であると考えます。明日を担う子どもたちが、生きる力を身に付け、平和的な国家社会の形成者として羽ばたいていくためには、家庭や学校、そして地域社会が「人づくり」という教育の使命を再認識し、共に手を携えて、その営みをすすめていく必要があります。中でも学校教育の役割は大きく、その機能は、優れた教育内容（カリキュラム）と優秀な人材、そして確かなマネジメントの下で展開されていくべきものです。とりわけ、「教育は人なり」と言われる通り、優秀な人材の要素は大きく、教職員一人一人の力量は、日々の教育活動を通して子どもたちの成長に大きな影響を与えていきます。

　昨今、大都市圏を中心に教職員の団塊世代の大量退職に伴う大量採用の時代となっており、学校組織は大きな変化の時代を迎えています。一方、保護者や地域社会からのニーズが多様化してきており、学校はそれら内外の環境の変化に対応し、組織機能を持続成長させていくことが求められています。その意味で、「子どものために」と志を持って教壇に立っている教職員の「教師力向上」と「学校組織の活性化」は、横浜市においても喫緊かつ重要な課題でもあります。

　こうした背景の中で、学校現場と教育委員会事務局が協働で取り組み、その成果を積み重ねてきたのが、人材育成システムとしての「メンターチーム」です。組織は生き物のようであり、人的環境は刻々と変化していきます。そうした組織環境の中でも、「メンターチーム」は地道に進化を遂げ、チームの「弱み」を「強み」に変えて持続成長するきっかけとなってきました。まさに人は人とつながって組織力を高めており、横浜市立学校の「メンターチーム」は、人材育成と組織力向上の重要な一翼を担ってきています。

　ここに、横浜市の学校現場における「メンターチーム」の取り組みと横浜市教職員の人材育成の在り方を発信いたします。

　本書が、ささやかながらも全国の学校現場に新たなチャレンジを生むと同時に、子どものためにと日夜努力する教職員への熱いメッセージとならんことを願っています。

平成23年3月
横浜市教育長　山田　巧

プロローグ

　今、横浜市の学校組織は、大きな変化の時代を迎えています。教職員の団塊世代の大量退職に伴う大量採用により、横浜市の教職員数約1万6000名のうち、およそ4分の1（26％）が採用5年目までの教員となっており、学校現場は、経験の少ない教員層の急増と多くのベテラン層、そして少ないミドル層といった状況となっています。
　こうした年齢構成に関わる人的環境の中にあって、学校現場では、これまで受け継がれてきた教職に対する「情熱」や子どものために努力する「気概」、専門性としての「技やノウハウ」といった、これまで大切にしてきたものの伝承が厳しい状況となっています。
　「教育は人なり」の言葉の通り、教育のこれから、学校の未来は、こうした人的環境を見据えた上での教職員の人材育成と学校組織の活性化が喫緊の課題です。「教師力の向上」「学校の組織力の向上」は、横浜市の重要施策としても位置付けられており、人的資源としての優秀な人材をいかに育成して信頼される学校づくりにつなげていくかが問われています。

　横浜市教育委員会では、今後も大量の採用が見込まれる初任者の早期育成と、強くしなやかに成長し続ける学校組織を形成するための「人材育成システム」として、平成18年度から「メンターチーム」を推奨してきました。さらに、これを「キャリアステージに応じた研修体系」構築と合わせて、全市立学校へ広報し、学校ごとの設置を呼びかけてきました。
　横浜市の「メンターチーム」は、初任者や初任2年目、3年目教員の人材育成を目的に、管理職が先輩教員である5年次、10年次教員等で組織した支援チームです。そのチームには、主幹教諭や指導教員、初任研コーディネーターなどが指導・助言者として加わるなどして、意図的かつ組織的に校内OJTとしての人材育成を図っていくシステムとなっています。ただ単に技術や知識を教えるだけでなく、まずは親身に相談に乗ってくれ、初任者と共感的に課題解決に当たることができるようにし、チームのメンバーも共に向上していくことを目指すものです。
　「教員は現場で育つ」と言われる通り、「メンターチーム」は、教員を育てる基盤となってきています。型にとらわれず、むしろ各学校現場の人的環境に合わせた形で、柔軟に組織しているの

がこの「メンターチーム」の特徴であり、強みとなっています。

　教職員の人材育成とは、教職員一人一人が「情熱」「人間性」「専門性」といった教師力、すなわち、教師としての資質・能力を高めていくことであり、そして個々の集合体としての機能を向上させていくことです。

　横浜市では、「教職員のキャリアステージにおける人材育成指標」を策定し、教職員一人一人が、学校現場でのOJTや職場外での研修（Off-JT）、自己啓発（SD）といった人材育成の機会の中で、自己のキャリアステージに応じたキャリアアップが図られるようにしています。

　横浜市教育委員会主催のキャリア開発研修としては、法定の初任者研修を含めた「横浜型初任者育成研修」や10年次教員研修をはじめ、5年次教員研修、教職経験力活用期の21年目、31年目研修といった年次研修を設定しています。また、職能に応じた研修として、主幹教諭研修や副校長昇任候補者研修、副校長・校長研修（新任研修含む）などを実施しています。

　一方、教職員の人材育成の基盤は、あくまでも個々の目標管理に基づく「自己開発」です。よって、学校組織内での職場教育の役割、重要性は大きいと考えます。その意味で、今こそ改めて「よき同僚性」と「組織風土」が求められ、OJT推進が鍵となっています。

　横浜市の「メンターチーム」は、こうしたOJTによる職場教育とそれを通した個々の自己開発、そして教育委員会の主催する研修を結びつけ、実に柔軟に、それでいて確かな育成の機能を持って進化し続けています。現在のところ、全市立学校513校のうち、メンターチームおよびメンター機能のある組織の設置率は約90％になっています。

　「メンターチーム」は、現在の人的環境および組織環境を見据える中で、人材育成に関してこれからの教職員育成に関わる重要な切り札とも考えています。本書では、横浜市教育委員会のメンターチームによる人材育成の取り組みについて紹介するとともに、教職員のみならず組織内の人材育成の在り方に一石を投じるものと考えています。

「教師力」向上の鍵　目　次

はじめに　　横浜市教育長　山田　巧 …………………………………… 3
プロローグ ……………………………………………………………………… 4

第1章 横浜市のすすめる「メンターチーム」とは　9

1. メンターチームとは　10
2. みんなで育てる、仲間と育つ　究極は「仲間」をひとりにしない　24
3. 大切なのはコミュニケーション　32

コラム1　初任者同士が結びつきを深めた「宿泊研修」　33
コラム2　拠点校指導教員と初任者との関わり　34

第2章 メンターチーム活動中！　「教師の成長」「組織の力」を高める人材育成　35

1. ワークショップ型研修で学級経営力をアップ
   授業を本音で語る「生麦小メンターチーム」… 横浜市立生麦小学校　36
2. 「企画・運営・参加」で授業力・教師力を高める
   進化するメンターチーム「中丸塾」… 横浜市立中丸小学校　42
3. 「掲示板ツアー」で見えた学級・学年経営
   メンターチーム「たまひよ」6年目 … 横浜市立保土ケ谷小学校　50
4. 参加体験型研修と「めんたいこだより」で情報共有
   コーディネーターが引っ張る「めんたいこ」… 横浜市立矢向小学校　58
5. 主幹教諭をリーダーとしたOJTシステム
   少人数チームで実践！「チームヒガカモ」… 横浜市立東鴨居中学校　64
6. 組織の力で同僚性を構築
   既存の組織を生かした「戸高研(とこうけん)」… 横浜市立戸塚高等学校　70
7. 学部を超えた人材育成
   若手・中堅・ベテランが語り合う「虎の間グッチーズ」… 横浜市立盲特別支援学校　76
8. 「聞ける、わかる、生かせる」学び合い
   課題を共有してたくさんまなぶ「さんまの会」… 横浜市立上矢部小学校　82

コラム3　初任2年目・3年目研修の意義　94

第3章 教職員の人材育成とは　95

1. そもそも教職員の人材育成とは　「教師の力が、子どもの力に」　96
2. 教職員の人材育成の目的は　「教師自身のキャリア開発」　98
3. 教職員の人材育成 その機会　「OJT、Off-JT」、職場教育で学ぶことが大きい　100
4. 人材育成システムとオペレーション　基盤は「目標管理による自己開発」　103
5. これからの人材育成で大切にしたいこと　「職場風土の醸成」とよき「同僚性」　106

第4章 教職員が目指す力量を「人材育成指標」で見える化　109

1. 「教職員が身に付けるべき力量」とは　110
2. 「教職員のキャリアステージにおける人材育成指標」策定　113
3. 「人材育成指標」の活用　121

コラム4　初任から3年目までの教師力「初任研チャレンジシート」から　124
コラム5　5年次・10年次教員研修とメンターチームの関わり　126
コラム6　管理職育成の基本「自己開発」　127

第5章 メンターチームと人材育成　129

1. 校内研究とメンターチームによる人材育成　130
2. メンターチームと人材育成との関わり　131
3. 「育成の風車」　136
4. メンターチームと組織マネジメント　メンターチームの可能性　138

発刊に寄せて　国立教育政策研究所 研究企画開発部 統括研究官　千々布　敏弥 … 140
おわりに　横浜市教育委員会事務局 教職員人事部長　伊藤　保則 …………… 146

横浜市のすすめる
「メンターチーム」とは

1. メンターチームとは

1 大量退職・大量採用時代の人材育成 ——横浜市の現状

　横浜市では、他の大都市と同様に教職員の大量退職、大量採用の状況がすでに5年以上続いている。この間、約4400人（平成18年度〜22年度）の新採用者を迎えた。教職員数約1万6000人のうち、採用5年目までの教職員数は全体で約26％を占めている。中でも小学校での採用5年目までの教職員数の割合が顕著に高い状況である。

　図表1-1「横浜市教職員年齢別分布（全校種）」の通り、教職員の年齢構成を見ると教職経験を重ねた50代と教職経験の浅い20代〜30代前半の層の人数が多く、二極化が見られる。一方、この2つの層をつなぐ中堅層の30代後半〜40代前半の世代が極端に少ないというのが現状である。

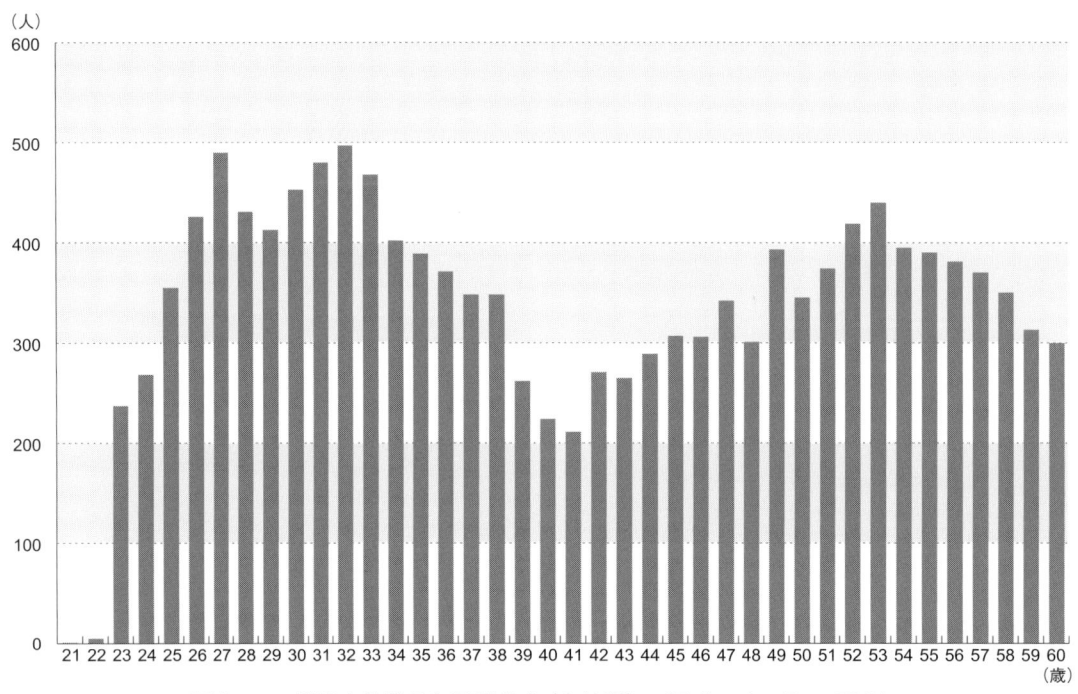

図表1-1　横浜市教職員年齢別分布（全校種）　（平成22年5月1日現在）

　学校現場では、この少ない中堅層が学年主任をはじめ、教務主任や研究主任、生徒指導専任、校務分掌の部長などを務め、学校運営の中核を担っている。

さらに、人数の少ないこの世代は、先輩に当たるベテラン層の教職員が長年培ってきた指導技術や児童生徒指導などの伝承を行う役割も担っている。

一方で、学校を取り巻く状況は大きく変化しており、中堅層の教職員は、子どもや保護者の対応、部活動など、さまざまな教育課題への対応で多くの時間が割かれているのも事実である。

こうした中、ベテラン層の教職員が培ってきたノウハウなどの伝承のために、何らかの手だてを取ったり、時間を確保したりすることが十分できていない現状がある。

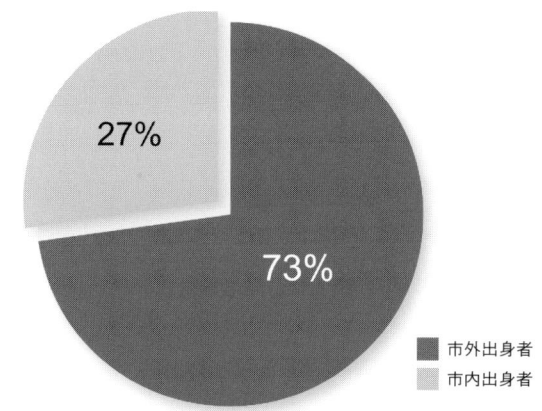

図表1-2 平成22年度 新採用者市外・市内出身者の割合

そのため、新採用者が児童生徒指導、学校運営等に必要な知識や方法を十分に身に付けることができないまま、教職年数を重ね、校内で中堅層となり、学校運営の中心的な立場になる場合もある。さらに、この学校運営等に必要な知識や方法を身に付けていない教職員が、新たな新採用者への指導を行う立場になるという危惧もあり、校内における効果的な人材育成が難しい状況となっている。

また近年、新採用者の中で市外出身者の割合が増加し、過半数を占めている（図表1-2）。そのため、教職員としてのスタートを切るに当たり、教職員としての知識などを身に付けるだけでなく、自らの新たな生活基盤をつくらなければならないというハードルがある。新採用者が安定した生活基盤をつくることは、安心して子どもたちに向かい合うために大切なことである。そのためには、学校という職場での関わりだけでなく、プライベートも含めて、時には公私にわたっての支援も必要である。

子どもの成長や発達に大きな影響を与える教職員には、どのような力が求められているのだろうか。横浜市の市民、保護者、教員を対象に行ったアンケート調査の結果（図表1-3）からもわかるように、教職員には教育者としての使命感や子どもへの教育的愛情はもとより、人間の成長への深い理解、教科等に関する専門的知識や実践的指導力、社会の変化に対応する能力などが求められている。さらに、学校現場において子どもたちはさまざまな課題を抱えており、その現状に対応できる即戦力が求められている。そのためには、いかに新採用者の早期育成を図っていくかが喫緊の課題である。

このような社会からの高い要望に応えるためにも、校内における人材育成システムを充実させる必要が生じている。この人材育成システムの構築と、それをいかに学校現場に浸透させるかが、教育委員会としての責務である。

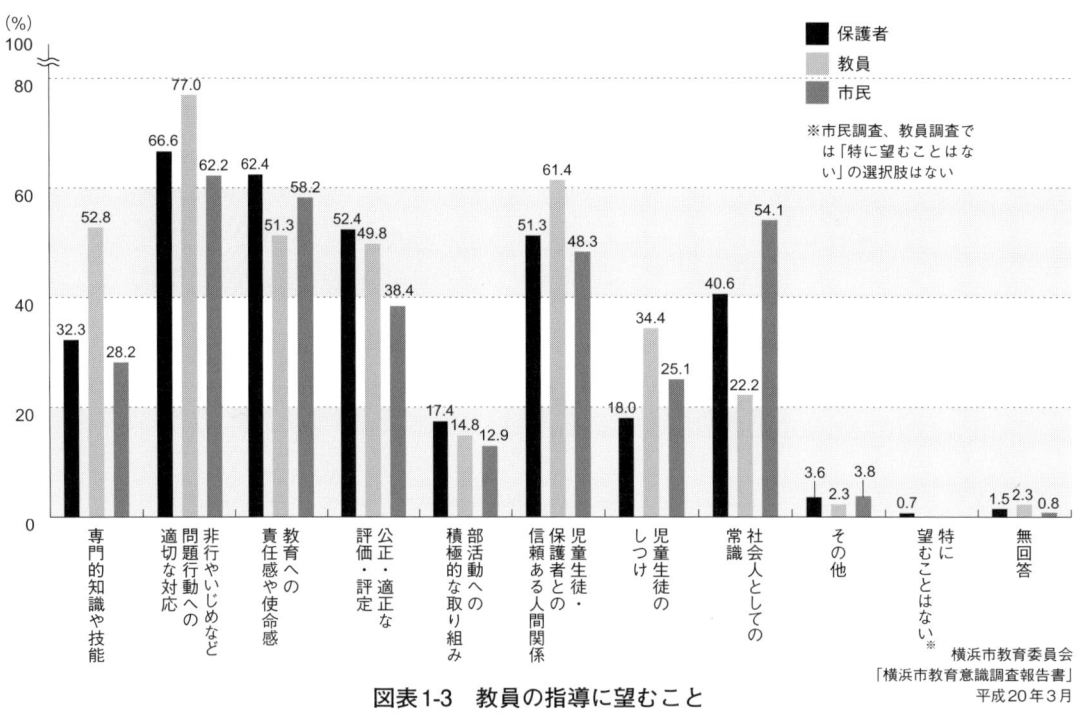

図表1-3　教員の指導に望むこと

横浜市教育委員会
「横浜市教育意識調査報告書」
平成20年3月

2　横浜市の「メンターチーム」の実際

(1)「メンターチーム」とは

　横浜市では、平成18年から初任者や教職経験の浅い教職員の人材育成および校内OJTのシステムづくりとして、各学校に「メンターチーム」の設置をすすめている。横浜市ですすめる「メンターチーム」とは、複数の先輩教職員が複数の初任者や経験の浅い教職員をメンタリングすることで相互の人材育成を図るシステムを指している。民間企業などでは、人材育成として新入社員1人に指導者となる先輩社員1人といった1対1のメンター制度を活用しているところも多い。

　一方、横浜市の「メンターチーム」は、メンターとメンティを複数対複数の関係にし、経験のある先輩と経験の浅い後輩の「タテ」の関係と、同期や同じキャリアステージにある1、2年先輩の「ヨコ」の関係を相互に組み合わせている。そしてこのチーム内で、メンター役となる先輩教

　「メンター」とは……

ギリシャの詩人ホメロスの書いた叙事詩『オデュッセイア』に登場する老賢人「メントル」に由来する言葉であり、賢明な人、信頼のおける助言者、師匠などという意味がある。メンターから助言・支援を受ける者をメンティという。

職員が中心となってメンタリングをすすめている。

　もちろん、1対1の関係によるメンタリングが必要ないわけではない。法定必修である初任者研修では、校外研修と校内研修が行われており、校内研修においては、初任者と指導教員の1対1の関係で学ぶシステムが保障されている。ここでは、メンター役となる指導教員が示範授業を行ったり、メンティである初任者の授業の改善策を指導したりと、1対1での学びが1年を通じて行われる。こうした必修研修である初任者研修と学校ごとのOJTシステムである「メンターチーム」が相乗効果を生み出し、経験の浅い教員の人材育成につながると考えている。

「メンタリング」とは……

◎「メンターがメンティと、基本的には1対1で、継続的、定期的に交流し信頼関係をつくりながら、メンティの仕事や諸活動を支援し、精神的、人間的な成長を支援すること」（注1）

　メンター制度では、人事担当部門が計画的に社員の間でメンターとメンティのペアをつくり、メンティが会社の一員として自立的に行動できる職業人としてのキャリアを形成していくことを目的としている。この制度を導入している企業では、今までの先輩後輩の関係での「個人的な知識と経験の伝承から個々人のキャリア形成支援を目標とした公的な人材育成」（注2）への転換を目指している。

　メンタリングでは、メンターはメンティに対して、コーチング、トレーニング、ロールモデル、カウンセリング、フレンドシップなどのさまざまな働きかけをするが（図表1-4）、この関係で最も大切なのは信頼関係（ラポール）を形成することである。メンターはメンティの社会人としての倫理的な成長部分と密接な関わりを持つことになるので、その心構えとして「全人格的」に関わること、つまり「物事の価値判断の仕方」「他人にどう接するか」などといった生き方についても支援できる姿勢が求められている。

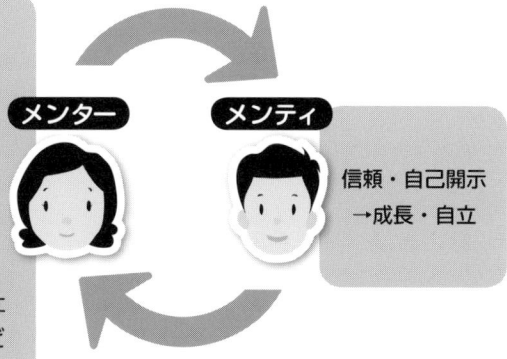

コーチング
コツを教える。フィードバックする。

ロールモデル
教職員として望ましい行動、姿を見せる。

カウンセリング
積極的傾聴によって問題解決を助ける。

フレンドシップ
仕事だけでなく、日常生活にも関わり、社会人としての自立を促す。　　　　　など

図表1-4　メンターチームの「キホン」――メンタリング活動

(2) メンターチーム導入の背景 ──チームで支えるよさ

　「メンターチーム」とは、複数のメンターである先輩教員が複数のメンティである初任者や経験の浅い教職員をメンタリングすることで、相互の人材育成を図るシステムである。民間企業などでは人材育成としてメンター制度を活用しているところも多いが、横浜市教育委員会では「メンターチーム」の設置、運営をすすめている。

　これまでメンター制度としては、一般的にメンターとメンティの1対1の関係を基本としてシステムが確立されてきた。日本では、1990年代のバブル崩壊以後、民間企業などにもメンター制度が人材育成の方法として導入され、メンタリングが広く取り入れられた。

　一方で、横浜市教育委員会がメンター制度でなく「メンターチーム」制度の導入をすすめたのは、学校が「人との関係が資源」の現場であることが大きな理由である。これをふまえ、以下の4つの視点から「メンターチーム」を導入した経緯を説明する。

①「メンターチーム」導入の背景 ──自発的に組織が生まれはじめる

　前述のように、毎年、大量の新採用者が学校現場に配置されている現状がある。そこでは、教職経験の浅い教員が学級経営や教科指導に苦労している姿を目の当たりにする。どうにかしなければという思いから、校長をはじめ経験の浅い教員に関わりを持つ教員たちが、それぞれ手だてを講じてきた。また、いわゆるミドル層の中にも組織運営とチームビルドの視点からニーズが生まれ、「これまでの方法では支えきれない……」という思いから、先輩教員との関係を取り持つ学習会などをつくる管理職が現れた。何より、初任者や経験の浅い教員たちの「学びたい、成長したい」という思いもあり、共に学び合う共同体が生まれはじめたのである。

　ここでは、先輩・後輩の1対1の関係ではなく、先輩たちと経験の浅い教員たちの複数の「教え・教えられる関係」が持たれるようになった。各学校が自発的にそうした機能を持つ組織を設置していくようになったのである。そして同時期に、横浜市によって「メンターチーム」の導入がすすめられた。各学校の中には、その自発的な組織を基に「メンターチーム」が編成されるようになったという学校もある。

　現在、全市立学校513校のうち、およそ90％の学校にメンタリング機能を持った組織が設置されている。これら「メンターチーム」の形態は決まった形のものではなく、それぞれの学校の状況に合わせた形態でのメンタリング機能を持った組織となっている。そうした校内におけるメンターチームの組織例を図表1-5に示した。メンターチームには、主幹教諭が中心となって運営しているもの、5年次教員、10年次教員が中心となって運営しているもの、学年が中心となって運営しているもの、校内の特別委員会が中心となって運営しているものなど、さまざまな形態が存在している。

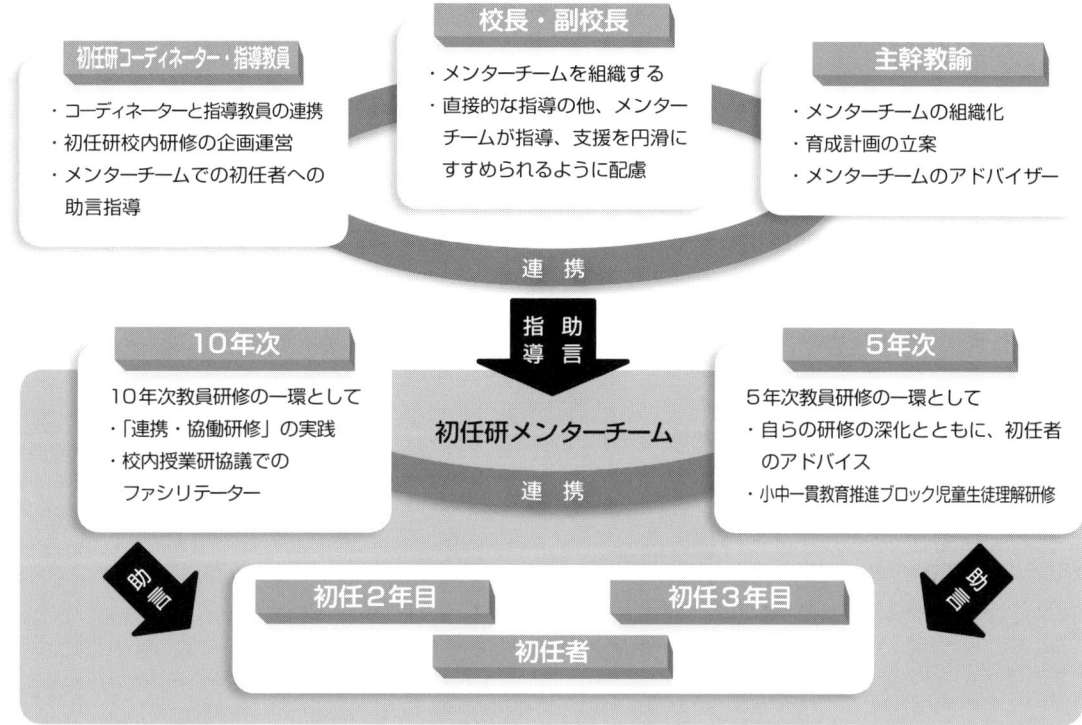

図表1-5　校内におけるメンターチームの組織例

②多くの人の関わりで成長する教職員チームでのメンタリング

　学校現場では、初任者研修を推進していく要である指導教員が校内体制をフォローするとともに、異なった側面から共同体として育成支援する必要性が出てきている。初任者の生活上の悩みや不安などのプライベートに関わる部分、広く職業人としてのマナーや社会人としての姿勢などがこれに当たる。それらを含めて受け止め、共に学び合う同じ職場の先輩、後輩、同僚で構成された「メンターチーム」を機能させることで、自ら課題に気付かせ、自ら解決する力を身に付けさせる。そして最終的には、安心して働ける場として学校が存在することを目指すのである。

　教職員が自己のキャリア形成を振り返るとき、信頼のおけるメンター的立場（助言者的立場）であったのは、どのような人であろうか。これまで勤務した学校の上司や同僚だけでなく、保護者や地域住民、学生時代の恩師や友人などが思い出されるのではないだろうか。職場だけでなく、日常生活におけるさまざまな場面でメンター的立場の人との関わりを持ってきたはずである。このような関わりを持つことのできるコミュニケーション力が教職員には必要とされる。

　このように人との関わりの中で成長する場面がある教職員には、1対1の関係でメンタリングを行うよりも、複数対複数のチームでの関係をつくり、コミュニケーション力を上げる方がOJT

のシステムとしては、利点が多くなると考える。そして、学校現場において教師間でメンタリングを行うことは、「教育実践というさまざまな要因が介在する複雑な状況では、教師がこのような実践の中で具体的、実際的な方略を学ぶことは、レベルの高い知識やスキルを身に付ける上で重要な意味を持つ」（注3）ものであり、複数対複数のチームでのメンタリングを行う「メンターチーム」というフレームが効果的である。

> **公的メンターと私的メンター**
>
> 　どの職場においても、新しい教職員が来ると、その学校のルールや教育課程などを教える先輩、同僚がメンター的な役割を持ち、これまでも関わってきた。
> 　メンターはメンタリングの範囲や成り立ちから、大きく2つに分けて考えられている。公的メンターとは、メンター制度の下で人材育成担当が、人材育成の一環として計画的にメンターとメンティを組み合わせる。教職員では、初任者研修の指導教員などがこれに当たる。相談内容もキャリア形成に関わる助言指導が中心となり、私生活についての相談は控える傾向にある。また、期限が決められているのが通常である。
> 　一方で、私的メンターと呼ばれるものは、職場で自然発生的に先輩後輩の関係が生まれ、その個人的関係からキャリア形成だけでなく公私にわたって関係を深めるものである。これは、もちろん個人的な関係であるから期限等はない。「メンターチーム」は、両方の利点を包含するものである。

③ ピアサポートとしての役割

　「メンターチーム」として、先輩もしくは同じキャリアステージの教職員とメンタリングを行うことは、教職員間のピアサポート（Peer support、対等な支援）と同じ効果があり、教職員集団としての関係性を深めていくことができる。ピアサポートについては、子ども同士の取り組みが学校現場に取り入れられ、その効果としては「いじめのない風土づくりなど安全で温かい学びの場をつくること」「自尊感情の向上やソーシャルスキルの習得」（注4）などが挙げられている。教職員間のピアサポートも同様に、「より気軽に話しかけ、本音で話せる雰囲気が培われ」、「職場の雰囲気が温かいものになることで連携協力がしやすく」（注5）なっていくことが挙げられる。

　このように学校の教職員がチームとしてメンタリングをすることで、新採用者に対しては、一人一人に親身な相談と公私にわたっての支援となり、個々のキャリア形成のスタートを確実に保障するものになる。さらに、チームから学校組織全体にメンタリングの効果を行き渡らせることができるため、組織の持続的成長につながる可能性を秘めている。そして、多くのメンターと関わることによって、経験の浅い教職員にとっても、さまざまな視点を得ることができる。

④世代間ギャップを越える

　学校現場のメンタリングを「メンターチーム」とすることで、メンター制度を導入した民間企業などで課題となっている「メンター」と「メンティ」の世代間ギャップからくるミスマッチや、メンターの負担感を克服できる。「メンターチーム」では、同じキャリアステージの同僚同士のメンティが、共に同じ課題を共有することで、自分たちなりの解決の方策を考え、自己解決の力を身に付けられる（図表1-6）。

　また、メンターとメンティが共に複数になることで、メンターとの関係が行き詰まることがなくなる。さらに、複数のメンターがそれぞれ得意とする教科や、児童生徒指導の経験を共有するなど、メンター役として1人でメンティと関わる負担感をなくすことができる。それとともに、同じ職場の多くの教職員の経験や技能から学ぶことができるという大きなメリットがある。

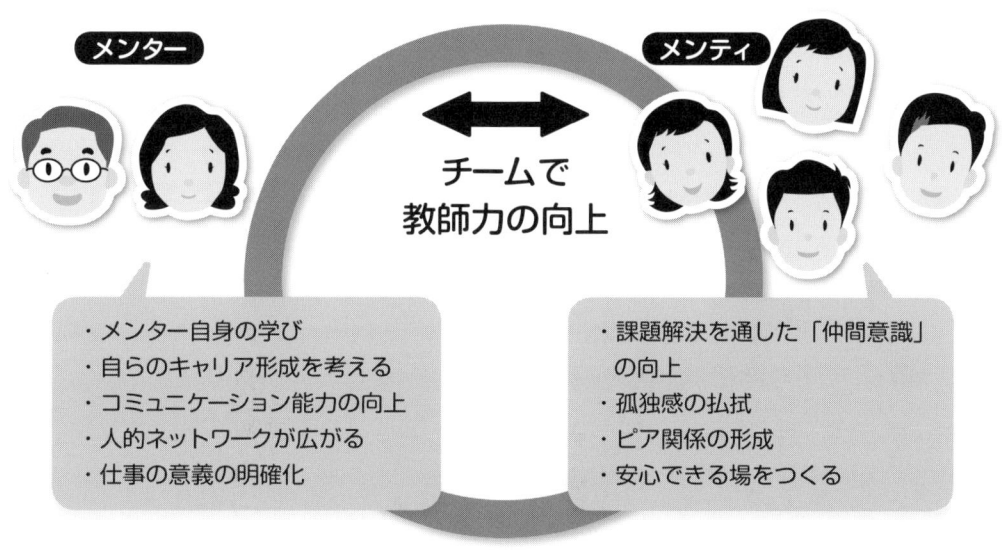

図表1-6　メンターチームの「キホン」──メンターチームでの同僚性

3　「メンターチーム」による支援機能

　メンターが行う支援内容を先行研究を基に分類すると、メンティのキャリア進展に直接影響を及ぼすような「キャリア支援」と、迷ったり悩んだりするメンティの精神的な面を支え、手本を示す「心理・社会的支援」の2つの機能に大別される。

　ここでは、メンタリングの支援機能が「メンターチーム」において具体的にどのように働いて

いるのかを見ていくが、キャシー・クラム(Kathy E.Kram、注6)の分類を基にメンター機能を示し、メンター側の指導の姿勢についてまとめたものが図表1-7である。

第2章の「メンターチーム活動中！『教師の成長』『組織の力』を高める人材育成」では、「メンターチーム」の実際について取り上げている。事例の中の「さんまの会」(p.82)のインタビュー場面では、経験の浅い教員の実感や考えなどの中に「メンターチーム」の有効性が浮かび上がってくる。

インタビューからは、「メンターチーム」に参加した経験の浅い教員の声が、「キャリア支援機能」の面では授業や学級経営のすすめ方についてのコーチング、「心理・社会的機能」の面ではメンティが抱える悩み事を聞いてもらうといったカウンセリングに集中していることがわかる。このことから、メンタリングに対して、初任者をはじめとした経験の浅い教員がどのような支援を必要としているのか、その傾向をつかむことができる。

また、インタビューの対象者は3人の経験の浅い教員であるが、インタビューをすすめる中で次のような姿が浮かび上がってきた。キャシー・クラムによると、「メンター関係は大きなポテンシャルと同時に、かなりの限界性」を持ち、「仕事の場面には、個人の発達を促す機能を持つ多くの関係性が」あり、「メンター関係に代わるものの1つがピア関係」(注7)であるとされる。このことは、人材育成に際してはメンター制度だけでは限界があり、それを打破する他の関係の1つがピア関係であることを示している。チームで活動する中で関係性が強まっていくと、メンバーそれぞれが、得意な分野においてメンター的な働きを自発的に行う。チームの中で教え合うことが重ねられ、同僚性の深まりとともにチーム内のメンターとメンティの立場が入れ替わる相互関係が見られた。これは、ピア関係の深まりの現れである。

横浜市では、「メンターチーム」として、メンターとメンティの関係性を複数対複数にすることで、このピア関係も同時につくり、より強固な関係性を築き上げることで、メンター関係の限界を超えようとしている。

4　513通りの「メンターチーム」の姿

毎年配置される初任者に育成の必要性を強く感じ、何とかしなければと校長が立ち上げた勉強会。毎日の授業をどうすればよいか、初任者が困っている姿を見てサポートする同僚。日々の小さな悩みを相談できずにいる初任者に2年目、3年目の先輩が気付いて行う支援。地方出身の初任者を食事に誘ったり、誕生会を開いたりする学年——。

このように毎年配置される初任者に対して、学校現場ではこれまでもそれぞれの学校組織や人

	分類	メンターの指導	メンターの具体的な姿
キャリア支援	スポンサーシップ Sponsorship	若い才能を発掘し、キャリア発達を援助する。異動や昇進の機会をつくり出す。	・必要な人とつなげる。 ・成果を認め、その人の活躍できる部署、業務に推薦する。
	コーチング Coaching/ Training	コツを教えること。メンティの業績と能力を改善するために適切な肯定的・否定的なフィードバックを与える。	・タイミングよく伝え、気付かせ、自己決定させる。 ・自分の知識や経験を伝える。 ・課題を具体的にフィードバックする。
	保護 Protection	メンターが自らの実績や経験によってメンティの困難な状況に気付き、周囲から否定的に見られることを防ぐ。	・メンティの経験不足が責められないように配慮する。 ・メンティが力を付けるまで手伝うなどの配慮をする。
	推薦と可視性 Exposure & Appeal/Visibility	重要な場面で、メンティの能力を証明する機会をつくり出す。	・成果や秀でている才能を学年主任、管理職などに伝える。
	やりがいのある 仕事の割り当て Challenging assignments	キャリアアップを考えて仕事をメンティにチャレンジさせ、技術面での知識とともにフィードバックを与える。	・メンティに役割を与えるとともに、ティーチングやコーチングの支援を続ける。
心理・社会的支援	役割モデル Role model	専門的独自性をメンティが伸ばすことを助けるような、評価された行動、態度およびスキルを明示する。	・日々の実践を見せる。 ・教師として考えていることをメンティに語る。
	カウンセリング Counseling	メンティの悩み、不安についてフィードバックと積極的傾聴によって問題解決を助ける。	・傾聴の姿勢を日ごろから取る。 ・本音で語れる環境を整える。 ・メンティの不安や懸念、うまくいかないことについて率直に話す場をつくり、メンティとは異なる視点から個人的な経験を示し、問題解決を助ける。
	受容と確認 Acceptance & Confirmation	メンティの仕事ぶりへの積極的なフィードバック、相手に対する好意と尊敬の態度を示し、メンティが新しい行動を試してみるような態度を認める。	・メンティの取り組もうとすることを肯定的に捉える。 ・メンティの失敗を叱責するのではなく、課題を明確にし、次につながるよう導く。
	交友 Friendship	仕事上に関してだけでなく、仕事以外のプライベートに関しても、メンティを理解し、社会的相互作用を深める。	・仕事以外の共通の話題を持ち、交流を深める。 ・仕事上の経験を共有する。 ・仕事上やプライベートに関する悩みを相談する。

キャシー・クラム『メンタリング ── 会社の中の発達支援関係』(白桃書房、2003年) より作成

図表1-7　メンターチームにおける、メンター機能の分類とその指導と具体的な姿

材を活用してフォローする体制をつくっていた。だからこそ、横浜市として「メンターチーム」というシステムを学校現場に提示する際に、1つの決まったシステムを示すのではなく、それぞれの学校の特色に合わせてつくられた既存組織を活用した「メンターチーム」の発足を促した。なぜなら、「メンターチーム」は「人」という資源を活用したものであり、システムとして機能させ定着するためには、各校の風土や文化を尊重する必要があると考えたからである。

　授業が終わると教職員が職員室に集まってくる学校や、下校後の児童生徒のいない教室で教職員が授業の準備や事務作業をする学校、部活動が盛んで生徒の下校時刻が過ぎてようやく職員室に教職員の姿が見られる学校、職員室がいくつにも分かれていて教職員が一堂に会することが難しい学校など、市立学校513校の職場の様子はさまざまである。だからこそ、それぞれの学校に合わせた513通りの「メンターチーム」が編成され、機能することが大切になる。「メンターチーム」という、各学校の状況に合わせたメンタリングを行うシステムの導入をすすめる必要があるのである。

　第2章では、市立学校513校の「メンターチーム」のうち、形態が異なる8校の具体的な事例について紹介する。この8校の事例は、「メンターチーム」の企画・運営を行っているリーダーという視点から見ると、大きく3つに分けられる（図表1-8）。

Ⅰ　ミドルリーダーである主幹教諭が中心となってコーディネートしている学校
　・横浜市立矢向小学校「めんたいこ」
　・横浜市立東鴨居中学校「チームヒガカモ」
　・横浜市立盲特別支援学校「虎の間グッチーズ」

Ⅱ　経験の浅い教職員が自ら企画・運営している学校
　・横浜市立保土ケ谷小学校「たまひよ」
　・横浜市立中丸小学校「中丸塾」
　・横浜市立生麦小学校「生麦小メンターチーム」
　・横浜市立上矢部小学校「さんまの会」

Ⅲ　既存の学校組織を活用（委員長が企画・運営）している学校
　・横浜市立戸塚高等学校「戸高研」

図表1-8　「メンターチーム」の事例

各校では、中心となって「メンターチーム」を企画・運営している教職員の立場は異なっている。研修の内容も機能も、「授業づくりに特化する学校」「学級経営を中心に据えている学校」「学年とは別の校内集団としての機能を持たせている学校」など、学校によって多種多様である。管理職が、「メンターチーム」を

組織しただけでは機能しない。だからこそ、各校の管理職は「メンターチーム」に参加している一部の教職員だけの組織にならないよう、全教職員に「メンターチーム」の役割などを周知させる。また、個々の教職員が自身の能力を発揮できる場面で、メンターとして関わりを持てるよう働きかけ、学校全体に人材育成の風土を広げようと動き始めている。

5 横浜市教育委員会によるサポート体制

これまで横浜市では、市立学校全校に「メンターチーム」の設置を働きかけてきた。各学校の事情に合わせて「メンターチーム」が置かれてきたが、形態の異なる「メンターチーム」に対して、教育委員会としての一律の支援は難しい。だが、設置をしただけで実際に活動していない状況では、何の意味もなさないものになる。だからこそ、学校現場にとって効果的な支援が必要である。しかし、メンター養成のための研修を追加して行うことは、日ごろから多忙感が募る教職員にとって効果的とは言えない。

そこで、「メンターチーム」を単独の研修ではなく、OJTのシステムの1つとして人材育成を目指す研修の全体像に組み込んだ。年次研修をはじめとした教職員研修において、研修間の関係性を持たせ、5年次・10年次といった基礎能力活用期に当たる教職員にメンターとしての素地をつくるとともに、メンタリングを行う環境づくりをすすめている。

ここで、「メンターチームのサポート体制」を示す（図表1-9）。これをモデルとして、横浜市では「メンターチーム」を組織的・効果的にすすめる環境づくりをしている。

多くの学校の「メンターチーム」で中心となってメンター役を務めるのが、5年次から10年次の中堅層の教職員である。そうした教職員の初任者の先輩メンターとしての資質向上にむけ、年次研修に「メンターチーム」を支える研修として意図的な仕掛けをしている（図表1-10）。

例えば、10年次教員研修においては、必修研修としてファシリテーション研修を行っている。夏季休業中の1日を使い、授業研究会のマネジメントをはじめとして、授業後の研究協議会におけるファシリテーションをどのようにすすめるかといったスキルと、効果的な話し合いをすすめ

るスキルを習得している。集合研修で学ぶだけではなく、各学校で5年次教員が校内授業研究会を行う際に、授業研究会の運営への助言等を行うなど、研修で学んだことを活用できるようにしている。さらに学校組織への関わりとして、授業研究会での関係を生かし、「メンターチーム」への支援も働きかけている。

また、5年次教員研修では、小中一貫教育推進ブロック児童生徒理解研修を行っている。5年次教員の企画運営に対し、10年次教員や主幹教諭が助言者を務めたり、サポートする体制を意図的につくっている。

これらの研修以外にも、初任者配置校に1名ずつ置かれている初任者研修コーディネーターがコーチングについて研修したり、「よこはま学校経営塾」をはじめとした副校長研修では、校内人材育成のための「メンターチーム」の推進に管理職としてどう関わるかなどの研修を行っている。

このように横浜市としては、既存の研修を活用して、キャリアステージに応じてメンターとしての資質を高め、「メンターチーム」の基盤をつくることを目指している。

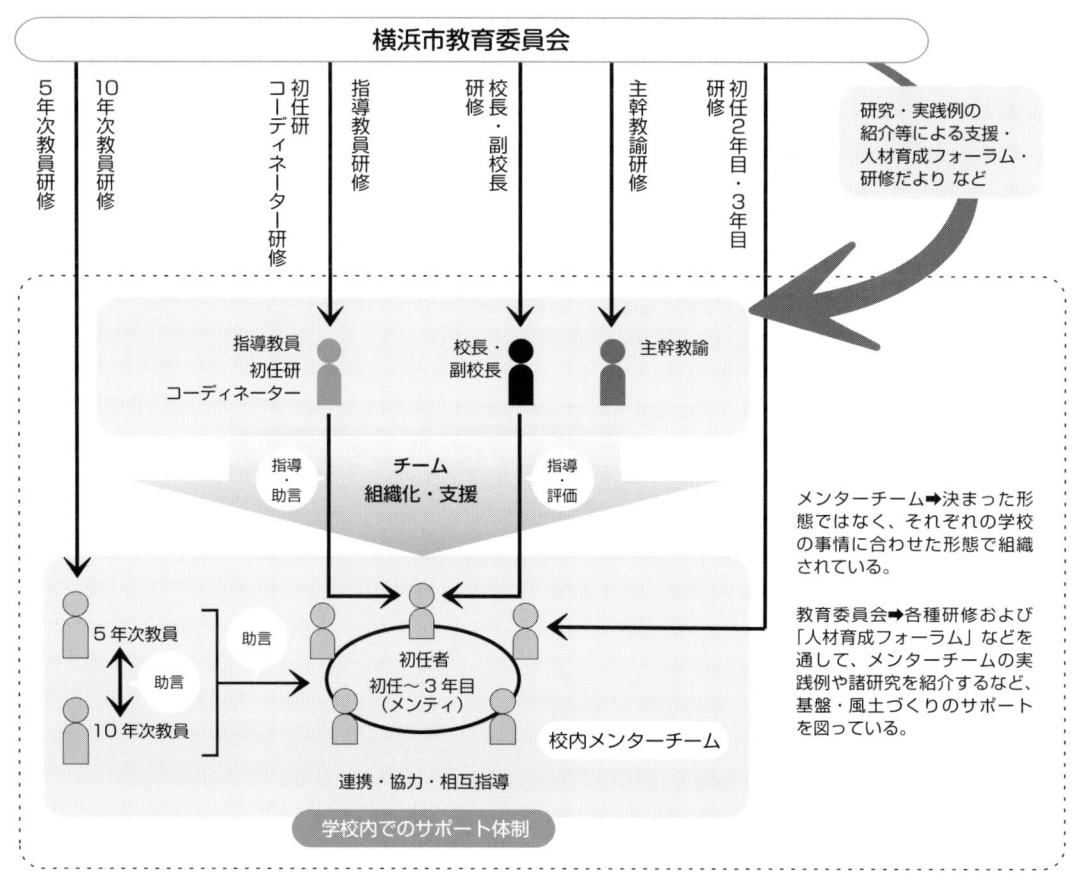

図表1-9　メンターチームのサポート体制

5年次教員研修	○小中一貫教育推進ブロック児童生徒理解研修…主幹教諭による助言等、初任者の参加 ○校内授業研究会…主幹教諭による助言等、5年未満の教諭の参加
10年次教員研修	○ファシリテーション研修…授業研究ファシリテーション技能の習得 ○5年次教員研修授業研究会…研究協議会の助言等
主幹教諭研修	○メンターチームによる人材育成…年次研修への関わりの周知 ○5年次教員研修への運営支援…小中一貫教育推進ブロック児童生徒理解研修の運営支援、助言等 　　　　　　　　　　　…校内授業研究会の運営支援、助言等 ○ファシリテーター養成講座…ファシリテーション実践力を養成
初任者研修 コーディネーター研修	○コーチング概論…初任者への指導法を習得
初任者研修 校内指導教員研修	○初任者のメンタルヘルス　　　○コーチング概論
初任者研修 拠点校指導教員研修	○初任者のメンタルヘルス　　　○コーチング概論
よこはま学校経営塾	○副校長による「人材育成」についてのマネジメント研修
人材育成フォーラム	○「メンターチーム」など人材育成に関わる実践報告を含めたシンポジウム
校長・副校長研修	○メンタルヘルス　　　　　　　○コーチング概論

横浜市教育委員会事務局「教職員育成課主催研修」（平成22年度）

図表1-10「メンターチーム」を支える研修

注1：小柳和喜雄「ミドルリーダーのメンターリング力育成プログラムの萌芽的研究」『奈良教育大学教職大学院研究紀要　学校教育実践研究』Vol.1（奈良教育大学、2009年）
注2：渡辺三枝子・平田史昭『メンタリング入門』（日経文庫、日本経済新聞社、2006年）
注3：中谷素之『学ぶ意欲を育てる人間関係づくり―動機づけの教育心理学』（金子書房、2007年）
注4：西山久子「ピア・レポートの歴史―仲間支援運動の広がり」『現代のエスプリ』502号（ぎょうせい、2009年）
注5：岡山県教育センター「教師間のピアサポート―サポーティブな学校風土づくりの一環として―」『岡山県教育センター研究紀要』253号（岡山県教育センター、2004年）
注6・7：キャシー・クラム著、渡辺直登・伊藤知子訳『メンタリング―会社の中の発達支援関係』（白桃書房、2003年）

2. みんなで育てる、仲間と育つ
究極は「仲間」をひとりにしない

1 同じキャリア期の「ヨコ」のつながり

(1) 学校が教職員にも安心できる場でありたい

　平成22年夏、初任者研修において宿泊研修を6年ぶりに実施した（詳細はコラム1、p.33）。山梨県道志村での1泊2日の研修であったが、テーマを「結」と掲げ、コミュニケーション能力の開発と同期とのつながりを持たせることを主なねらいとした。

　道志村へ向かうバスの車中で、コミュニケーション研修として、アイスブレイクや自己紹介などを行い、初任者同士に同期の仲間意識を持たせようとした。その際、市外出身者が自分の他にもたくさんいることを初めて知った初任者が多くいた。中には、同じバスに自分と同郷の初任者がいることを知り、「自分ひとりじゃない」と声に出す初任者もいた。このとき、市外出身の初任者は想像以上に孤独感を持っていることが認識できた。

　また、夕食後に行われた課題研修では、日ごろの学校現場で感じている悩みや課題が語られた。その中で、同じ悩みを持っている者同士で共感し合う姿が見られたり、すでに課題を克服している者や、自分がどうしていけばいいのか道筋が見え始めている初任者もいることがわかった。中には、これまで自分の思いを人に話す機会がなく、不安を抱えている者もいた。

　もちろん、毎日生活している学校現場が初任者にとって安心できる場であってほしい。初任者には、日々の小さな悩みを受け止めてくれる人やアドバイスを与えてくれる人がいること、そしてそうしたことが行われる場が必要である。新しい職場であっても、日々普通に生活している中で声をかけ合い、職員室内の人間関係は形成されていくものであろう。

　しかしながら、初任者や経験の浅い教職員には、「これは誰に聞いたらいいのだろう」「こんなことを聞いてもいいのだろうか」「こんな状態になっているのは自分だけではないだろうか」「保護者とどのように関わればいいのだろうか」などと職場内で周りの教職員に聞けないまま、自分の課題として抱えてしまっている者も数多くいる。そのような事案が重なっていくことで、学校という職場が

初任者にとって安心して働ける場ではなくなり、精神的に追い込まれ、職場を離れなければならないといった状態になってしまうことも懸念される。

　だからこそ各学校の管理職は、初任者をはじめとした経験の浅い教職員のフォローアップシステムを校内に構築する必要がある。その方策の1つとして、「メンターチーム」が位置付けられるのである。メンターチームの実践事例からは、管理職が、初任者をはじめとした経験の浅い教職員が学校で安心して働ける場をつくり出すヒントを読み取ることができる。主幹教諭が中心となって企画・運営している学校や、経験の浅い教職員が中心となって企画・運営している学校でも、管理職が陰となって仕掛けを打ち出したり、根回しをしたりと学校全体の風土をつくるべく動いていることがうかがえる。

(2) 課題解決を通した「仲間」意識の向上

　初任者が抱えている課題に対しては、これまでも校長が主幹教諭に働きかけて校内組織をつくり、サポートをしてきた。第2章で例に挙げる矢向小学校「めんたいこ」チームの活動(p.58)には、「矢向小学校に初任者として着任した仲間が、協力し合える場であったり、お互いが高め合ったりできる関係や場をつくりたい」というねらいがある。ここでは、初任者自身の課題意識からのニーズに合わせて、主幹教諭がコーディネートして活動の内容を決めている。内容を深めるために、グループワークや「子どもの社会的スキル横浜プログラム」(p.62)を取り入れている。この中で初任者は、その手法だけでなく、初任者自身のつながりを持つ力、自らを振り返る力を身に付けている。

　「メンターチーム」では、その活動を通して初任者や経験の浅い教職員が自らの課題を解決するだけでなく、教師として子どもを見る視点などといった資質の向上を図るとともに、メンター役を務めるコーディネーターを中心に仲間意識が育てられている。メンター役を務めるコーディネーターが「メンターチーム」の活動を報告書「めんたいこだより」として教職員全体に発信して、初任者、経験の浅い教職員を教職員全体で育てている、という意識付けをしている。

　このように、「メンターチーム」の活動で初任者や経験の浅い教職員が抱えている課題の解決や教職員としての資質の向上を意識的にすすめることで、校内の初任者と経験の浅い教職員同士の仲間意識が高まる。それとともに、メンター役として関わる校内の経験のある教職員とも仲間意識が高まり、職員集団としてのチーム力の向上にもつながっていく姿が見える。

(3) ピア関係の構築

> 「初任者研修での仲間づくりも大事だとは思います。でも、……『さんま（さんまの会＝「メンターチーム」）』だと、気軽に何でも聞けるし、毎日会っているから仲間意識はもっと強いというのが正直なところです」

　中学校、高等学校、特別支援学校では、教科担任制を取っている。一方、小学校では、学級担任がすべての教科を担当することが多い。いずれにしても、学年や他教科の教員と、子どもたちの状況や課題を共有することが大切である。しかしながら、子どもたちの状況や課題を担任1人で判断、対処することが求められることもある。初任者や経験の浅い教職員が、周囲の人に悩んでいることや困っていることを伝えることができない環境にあると、職員集団の中にいても孤立感を持ってしまうことになる。

　初任者や経験の浅い教職員が、学校現場で孤立感を生まないための環境整備の必要性が問われている。これまでも横浜市では、初任者研修における校外研修「コミュニケーション体験研修」「課題研修」「宿泊研修」での「ヨコ」のつながりの意識化、同期とのピア関係の構築を行ってきた。しかしながら、校外での関係性だけでは、孤立感を払拭するには限界もある。このことは、冒頭の1人の初任者の声にも現れている（詳細は第2章「さんまの会」p.82）。

　この声は一例だとしても、孤立感を生まないためには、校外での同期とのピア関係をつくること以上に、初任者にとっては学校現場での関係が大切であることがわかる。その関係をつくる際において、「メンターチーム」の重要な位置付けがある。初任者や経験の浅い教職員だけでなく、すべての教職員に孤立感を感じさせない職場環境の形成とともに、初任者や経験の浅い教職員の自己開示の場として、また、仲間意識の確認の場として「メンターチーム」を位置付けて機能させる必要がある。「メンターチーム」の活動を通して、初任者や経験の浅い教職員、ひいてはすべての教職員それぞれが共同体としての所属感や帰属意識を持ち、学校現場を安心して働ける場にする。そうした「ピア関係」＝「同僚とのヨコのつながり」を構築する効力が「メンターチー

　「ピア関係」とは……

　　同じキャリア段階にいる同僚同士のつながりを指す。
　　このピア関係にもメンタリング機能の一部があるが、職位などでの階層的な上下関係がないために、コミュニケーションや相互支援の協力が行われやすい。
　　メンター関係では、メンターがメンティを支援する関係があるが、ピア関係ではこの支援する関係が相互性を持つところが異なる。お互いに支え合うというのがこのピア関係の基本である。同僚との仕事上の関係に限る場合には「同僚ピア」という表現も用いられる。

ム」にはある。

2 先輩との「タテ」のつながり

(1) ロールモデルとしての先輩の存在

　メンタリングの機能としてモデリングがあるが、これは、「メンターチーム」においても同様に働く機能である。「メンターチーム」によって、メンターとメンティの関係性がはっきりすることで、メンティである初任者や経験の浅い教職員は、メンター役の先輩教職員の行動を観察するようになる。観察から得られた疑問点や自らの日々の生活から生まれた疑問点をメンターに質問し、初任者や経験の浅い教職員は自分の疑問に答えてくれるメンターに対して信頼感を持つようになる。よって、メンティにとってはメンター役の先輩教職員の行動が身近な目標となり、1年後、2年後もしくは5年後、10年後の自らの姿を思い浮かべることができるのである。

(2) メンターとして、自らのキャリア形成を振り返る

　メンティである初任者、経験の浅い教職員から、モデルとして目標とされるメンター役の先輩教職員についてはどうであろうか。
　「メンターチーム」をコーディネートし、メンター役も務めるある主幹教諭は、初任者の日ごろの様子から課題に感じていることをどのように伝えるかを考えるという。直接的に伝えることが、必ずしも初任者が課題をうまく解決することに結びつくわけではない。しかし、間接的に伝えても十分理解されず、うまくいかない。そういったときに、自分の初任者だった頃を考えるというのである。先輩から言われたこと、自分の経験として残っていること……、それらのことを振り返ると、自分がどのように教師として成長してきたかをたどることができる。
　自らの教師としての成長過程を今の自分がおかれている立場で考えると、自らの経験に基づいてメンティである初任者にどのように働きかけると効果的かがわかる。メンターが自らのキャリア形成を省察することで、初任者への関わり方や必要な支援、そして人材育成について考え、学ぶことができる。すなわち、メンター役の先輩教職員が「メンターチーム」で初任者と活動することによって、自分自身の資質能力を向上させることができるのである。このように「メンターチーム」は、メンターの教師力の向上にもつながるのである。

(3) メンタリングを通してメンターの教職員としての資質向上

　「メンターチーム」のメンタリング活動を通じて育つのは、初任者をはじめとした経験の浅い

教職員だけではない。人間関係は双方向である。したがって、一方のみの成長はあり得ない。
　「メンターチーム」の中心となるメンタリングにおけるメンターのメリットについて、福本みちよ氏は図表1-11のようにまとめている(注8)。

	メリット	具体的なメンタリング活動の場面
1	メンター経験がメンター自身を成長させる	①相手に教えるために、メンター自身がよく学ぶ。 ②相手の視点で考え、教え方を工夫する。 ③コミュニケーション能力が高まる。
2	人的ネットワークが広がる	メンター間の情報交換やアドバイスのやりとりにより、自然とネットワークが広がっていく。
3	組織コミットメントが高まり、仕事の意義が明確になる	メンティの問いかけが、仕事の本質的な課題や暗黙のうちに行っていて、これまで気付かなかったことを明らかにしてくれることがある。
4	メンター自身のキャリアを考える	メンティに問いかけられることは、自分自身への問いかけでもある。

図表1-11　メンターのメリット

　「メンターチーム」でのメンタリング活動におけるメンター役の教職員には、次のようなメリットがある。まずは、「メンターチーム」の企画・運営などを通してマネジメント能力が身に付くことである。次に、人材育成についての多角的な視野と多様な支援の方法を身に付けることができるということである。さらに、自分が初任者をはじめとした経験の浅い教職員を育てているという自己有用感が高まり、それがメンター役の教職員自身のキャリア形成につながる。
　このように、メンター役の先輩教職員もメンタリングをすることで学び、個々の専門性の向上が図られるとともに、リーダーとしての自覚が生まれることで、教職員としての資質の向上となる。

(4)チームとしての意識の向上

　「メンターチーム」の活動の一環として授業研究などを行っていくと、メンティである経験の浅い教職員は、わからないことや解決できないことが多々出てくる。何とか解決策を考える中で、経験豊かな教職員や知識のある教職員から助言がほしいと感じることがある。そこで、「メンターチーム」の講師として、経験豊かな教職員や知識のある教職員を招き、指導を仰ぐ。自由な雰囲気の中で話し合われる「メンターチーム」の活動の中からも、新たな気付きが生まれ、内容の質も高まりを見せる(第2章「中丸塾」p.42)。これをきっかけに、経験豊かな教職員が「メンターチーム」と関わり、自己有用感を持つことで、校内の人材育成の役割を担う意欲につながる。
　経験豊かな教職員が経験の浅い教職員のつまずきを知り、関わりを持ち、自分も「メンターチーム」の一員であると認識することで、教職員集団としてのチーム意識が向上し、組織として活

性化されていく。そしてこのことによって、教師としての「経験を伝える」という大切な循環が成立し、先輩と後輩といった「タテ」のつながりが強固なものとなっていくのである。

(5)「メンターチーム」の情報を校内で共有

教職員全員が「メンターチーム」に関わりを持つよう組織を構成している学校もある（第2章「チームヒガカモ」p.64）が、多くの学校は、初任者や経験の浅い教職員を対象として主幹教諭などがメンター役となって構成されていることが多い。「メンターチーム」が一部の教職員だけのものでは、その存在意義も薄れていく。「メンターチーム」は、校内の組織や人材を結びつけて活用すると効果も大きい。そのためには、「メンターチーム」での活動を周知し、教職員全員で理解、共有する必要がある。

例えば、実践としてあるのが、矢向小学校の「めんたいこだより」の発行（p.58）や保土ケ谷小学校の朝の打ち合わせなどでの活動報告（p.50）である。第2章で取り上げられている実践校では、何かしらの手段で「メンターチーム」の活動についての情報を校内で共有している。「メンターチーム」の年間計画や活動予定を共有することによって、経験豊かな教職員の持っている力を引き出すきっかけともなり、経験の浅い教職員とのつながりをつくることにもつながる。

> **メンターチーム**
> ○「ヨコ」のつながり
> 　同期、同じキャリア期でのピア関係
> ○「タテ」のつながり
> 　メンター、メンティの信頼関係
>
> 初任者をひとりにしない

3 指導主事のサポート

(1)「初任者のための授業づくり・学級づくり講座 ～初任者お悩み相談会～」

横浜市教育委員会では、初任者の育成を初任者研修や「メンターチーム」によるOJTの他に、さまざまな手だてを講じている。

初任者のサポートとして、初任者研修に関わっている指導主事との関係をつくることができる機会を設けている。例えば、学級経営や授業づくりなどに悩みを抱える時期に、教育委員会が取り組む授業づくり講座の一環として「初任者のための授業づくり・学級づくり講座～初任者お悩み相談会～」を企画した。初任者は、勤務時間終了後に教育センターや学校教育事務所に集まり、気軽に指導主事と悩みや課題について話し合い、お互いに顔の見える関係をつくっている。

次に、相談会に参加した初任者の声を紹介する。

> 「他の初任者が自分よりももっといい授業をしているんだろうなと考えたり、ベテランの先生方の授業や子どもとの関わりでの素晴らしさを見ながら、自分は何もできないと悩んでいました。今日、ちっぽけな悩みを指導主事に聞いていただいて、心がすっとしたし、自分なりにできることをやっていきたいと思いました」
> 「指導主事の方々とお話をしていて気持ちがだいぶ楽になりました。今後も研修会を通して、いろいろな方の話を聞き、自己の目標を明確にしていきたいと思いました」

その後の初任者研修における校外研修でも、声をかけ合う継続的な関係がつくられている。

横浜市では、初任者が校内では話しにくいと感じていることや第三者的な意見がほしいときなどに相談できる関係をつくっておきたいと考えている。これは決して、学校現場での指導や助言を覆すのではない。誤解していることを解きほぐすなど、多少距離がある指導主事だからこそ、初任者に対してフォローできることもある。もちろん、課題が明らかになった場合には、学校とも連携しながら対処をすすめていくことになる。

(2)授業づくり相談会での指導案検討

また、初任者研修における校外研修では、「学習指導の実践」が11月から2月にかけて行われる。ここでは、初任者全員が学習指導案を作成し、教科や学年などの代表者が模擬授業、授業研究会を行っている。それぞれのグループに担当の指導主事が入り、研修を行っている。それだけでなく、別途時間を取り、個別に相談に応じる「授業づくり相談会」を実施している。こうした指導案検討を通して、初任者の教科に関わる具体的な課題を見い出し、解決に向けている。指導主事は初任者と関わり、解決の方向性を見い出すことを支援している。

初任者の日ごろの授業の様子や学級経営の様子を聞くことで、初任者がつまずくところや悩むところが明らかになってくる。このことを初任者研修や初任者研修指導教員研修にフィードバックすることで、よりきめ細やかな研修が組み立てられていくとともに、学校現場への発信も的確なものになっていくのである。

横浜市としても、こうした指導主事による支援を大切にしながら、初任者や経験の浅い教職員への支援をさらにすすめていくことが大切であると考える。

ハマ・アップと「授業づくり講座」

　横浜市教育委員会では、授業改善支援センター「ハマ・アップ」を学校教育事務所（4カ所）に開設している。「ハマ・アップ」には、参考図書、教科書、指導案等の教職員の授業づくりを支援する資料が多数揃えられている。さらに、次の講座・相談が開催され、教職員のニーズに合ったサポート体制がつくられている。

(1) 授業づくり講座
　「横浜版学習指導要領　総則　総則解説」に基づいた「しっかり教え、しっかり引き出す指導」の各教科における具体的な指導方法を示し、魅力ある・わかる授業づくりを求める教師を支援するために、指導主事や授業改善支援員、優秀教員等による講座が開設されている。

(2) 教育テーマ別講座
　今日的課題や教育委員会の施策等の周知・徹底を図るために開設されている。

(3) 授業づくり相談
　魅力ある・わかる授業づくりや単元づくりを求める教師を支援するために、指導主事や授業改善支援員等による相談を実施している。個人だけでなく、グループ等の相談にも対応している。

(4) よろず相談
　子どもたちとの関係づくりや学級づくり等、教育活動に関するさまざまな相談・支援を求める教師のために、指導主事や授業改善支援員等による相談を実施している。初任者をはじめとして経験の浅い教職員を対象に相談・支援している。

注8：木岡一明編著『ステップ・アップ学校組織マネジメント―学校・教職員がもっと元気になる開発プログラム』（第一法規、2007年）

3. 大切なのはコミュニケーション

　学校現場における教職員の間には、さまざまな関係性がある。同期、同じキャリアステージ同士の「ヨコ」の関係、そして先輩後輩の「タテ」の関係。「仲間をひとりにしない」ためには、こうしたヨコとタテの関係を織り成すことが必要なのは明らかである。「メンターチーム」は、初任者をはじめ、経験の浅い教職員を一人前の教職員として育成することを目指したものであり、それは、ただ単に技術や知識の習得を狙ったものではない。まずは親身に相談に乗る人（メンター）がいて、初任者をはじめとした経験の浅い教職員と共感的に課題解決に当たり、その活動の中で1人が成長するのではなく、「メンターチーム」に参加しているメンバー（メンティ）も他のメンティに触発され、共に成長していくことを目指している。さらに、「メンターチーム」の活動を通して、相談に乗る経験豊かな教職員（メンター）自身の成長も促されるのである。

　この相乗効果を生み出す際に大切なのは、コミュニケーションである。当たり前のことではあるが、人間関係を形成するにはコミュニケーション能力が必要である。しかしながら、日々の多忙な生活の中でコミュニケーションを図る機会は少なくなっている。そこに新たに学校現場に入ってきた初任者は、どのように振る舞えばよいのかわからないまま、子どもたちに向かっている現状がある。そこで、「メンターチーム」というシステムでコミュニケーションを促すのである。

　「メンターチーム」というシステムによって、互いの授業や学級経営を見合ったり、意見を交換したりする場がつくられる。このことは、学校現場の教職員間の風通しをよくし、その活動を通して課題を共有した上で、共通の話題で話を深め、課題解決に向けて複数で関わるという意識を生み出す。これが、チーム力を上げることになり、教職員一人一人がお互いにコミュニケーションを図ることができるようになるのである。

　この「コミュニケーションを図る」という風土が職員室に根付くことで、どの教職員にとっても安心して働ける職場となり、初任者をはじめとした経験の浅い教職員を温かく育成できる学校現場になるものと考える。

　次の第2章では、「メンターチーム」を校内における人材育成の中心におく横浜市内の学校の実践事例を見ていく。それぞれの具体的な事例からは、コミュニケーションを深め、人材育成を効果的にすすめるヒントが読み取れるはずである。

column 1

初任者同士が結びつきを深めた「宿泊研修」

1　宿泊研修の復活　「仲間を大切にしていきたい」

「2日間を終え、達成感に満ちあふれている。研修でいろいろな人と話す中で『悩んでいるのは自分だけではない』と考えることができたのもよかった。これからもこの研修で得た仲間と相談し合う時間を設け、仲間を大切にしていきたい。また、これまで失敗を恐れていることも多かったが、これからは今回の研修で学んだことを生活の中で取り入れたり、さまざまなことに自分からチャレンジしたりするなど、もっと積極的に行動していきたい」──。これは、平成22年に6年ぶりに復活した初任研宿泊研修に参加した初任者の感想である。

宿泊研修を復活させた最大の理由は、「初任者同士の結びつきをつくること」である。近年、横浜市では初任者の大量採用が続いており、横浜市外、あるいは県外出身者の割合も高い。大学などを卒業後、すぐに採用される教員や、他業種からの転職で初めて教壇に立つ教員もかなりの数に上る。

若年層のコミュニケーション能力が低下していると指摘されている昨今、大量に採用される初任者同士のつながりをつくり、不安や悩みを語り合える仲間を増やしていくことは、研修の目的としても非常に重要な意味を持っている。

2　宿泊研修の成果　「同期という仲間に出会えたのが、この研修での最大のお土産」

今回の宿泊研修は、「教育公務員としての自覚や責任感の醸成」「同期の仲間との協調性の育成」「横浜市の水源地としての道志村の役割を理解」などを目的として実施した。事後に実施した無記名方式のアンケートの結果、90%の初任者が「目的を達成できた」と回答し、91%の初任者が「同期の仲間とコミュニケーションを深めることができた」と回答している。中でも、後者の設問では、63%の初任者が「とてもそう思う」と答えており、数字上からも宿泊研修が「初任者同士の横のつながりをつくること」に大きな成果を上げたと考えられる。

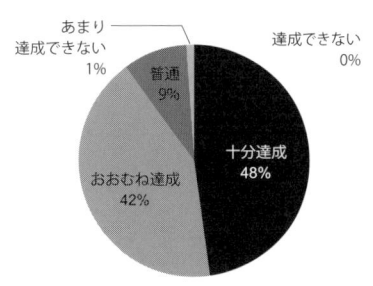

それは、初任者の次の振り返りからも読み取ることができる。

「みなさん、同じようなことで悩み、それを乗り越えようとしていることを知り、その意味でも『つながり』を感じることができた。同期という仲間に出会えたのが、この研修の最大のお土産である」──。

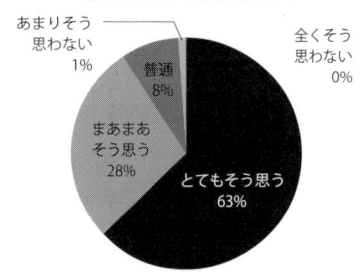

拠点校指導教員と初任者との関わり

　拠点校方式による初任者研修は、指導教員による指導の一定水準の質の確保と、学校全体としての指導体制の構築を目的に、平成15年度から3カ年計画で導入された。

　拠点校指導教員は、初任者研修に専念する教員として、横浜市では拠点校および派遣校の2人または4人の初任者に対して、1人当たり週7時間ずつ、主に教科指導に対する指導・助言を行うとしている。また、初任者配置各校に配置された「初任研コーディネーター」が、指導教員と連携しながら初任者研修の計画を立案・運営するとともに、校内研修の指導・助言者の決定や予定の調整を行っている。

　横浜市では校内における初任者の育成は、OJTを基本に全職員によって行われるものであるととらえ、拠点校指導教員も積極的にメンターチームに関わるように推奨している。

拠点校指導教員の指導・助言の仕事は ―― 効果的な指導の具体例

教科指導のために…
- 初任者を指導する日には、毎時間、指導案（略案）を書いて授業を行うようにした。
- 単元の流れをつかみ、目標や教える内容をはっきりさせるために、単元の指導計画を立てるようにした。
- 授業記録を取って、よい点や課題を整理し、具体的に話すようにした。時には初任者の授業をビデオに撮って、振り返るようにした。
- 示範授業をするときには、教材・教具を工夫したり、授業を参観する視点を明確にして初任者に示したりするようにした。授業で使う資料を一緒に作成することもした。
- 子どもの記録を取って、子どものよくなった点や課題となる点を具体的に話し合った。

児童生徒理解のために…
- 配慮を要する子どもへの対処の仕方については、自分の経験を具体的に話して解決方法を見つけることができるようにした。
- できるだけ懇談会にも参加するようにして、保護者の考えを理解し、初任者にアドバイスするようにした。

他と連携するために…
- 学年や教科研究会に一緒に参加し、学年と初任者をつなぐように心がけた。
- メンターチームに参加し、自分と校内の教員との関係づくりを行うだけでなく、初任者をみんなで育てるという意識を持てるようにした。
- 校長には、初任者の様子を1カ月に一度、記録を基に伝えるようにした。
- 保護者との接し方（電話、服装、連絡帳、懇談会、言葉遣いなど）を知らせた。

その他…
- 不安や悩みを相談できる相手でいるように心がけた。「応援している」という気持ちが伝わるように接した。

第2章
メンターチーム活動中!
「教師の成長」「組織の力」を高める人材育成

事例紹介

1. ワークショップ型研修で学級経営力をアップ
授業を本音で語る「生麦小メンターチーム」

◎横浜市立生麦小学校

DATA

横浜市立生麦小学校
住　所：横浜市鶴見区生麦4-15-1
職員数：26名
児童数：433名
学級数：14学級

創立は大正13年。学校に対する地域の関心も高く、協力的。子ども・保護者・地域・教職員が1つになって、学校の歴史と伝統を深めている。「元気 勇気 夢いっぱい〜思い出づくり〜」をテーマに「夢を持ち、元気に学校生活を送り、勇気を持って行動できるようになる」子どもを育てていくために、全教職員で力を合わせて取り組んでいる。

1　きっかけ ——若手を育てる場としてメンターチームを組織

「生活から学習へ」をテーマに、「子どもたちに基本的な生活習慣を身に付けさせよう。そして、しっかりとした学ぶ力を付けさせよう」と、全教職員で教育活動を行っている。

　教育活動の基本は「授業」。その授業は、日ごろの学級経営の上に成り立っている。ここ数年、新採用の教職員が増え、生麦小学校でも平均年齢が40代半ばから30代半ばに下がってきた。経験の浅い教職員が増えてきた中で、新採用の教職員（初任者）一人一人の、担任としての学級経営力を高めなければならない。初任者は学級経営に悩みを抱えていることが多いため、互いに悩みなどを相談できる人間関係を持ったチームを築いていくことが大切になってきている。経験の

● 「生麦小メンターチーム」の概要

構成メンバー：	初任から6年目までの教職員
会　　　　場：	会議室
内　　　　容：	研究授業を1人年1回行う。指導案を基にした事前検討会、授業研究会を行う。
頻　　　　度：	1人年1回の授業研究の日は研究授業前に決めている。 事前検討会などはメンバーで適宜予定を合わせて行っている。
特　　　　徴：	授業研究が中心。外部講師を招くことも多い。

浅い教職員の授業力・学級経営力を培うために、互いに授業を見合い、研究する必要性が出てきた。そこで、若手を育てる場として「メンターチーム」を組織した。その根底には、全教職員で、経験の浅い教職員を育てていくことが大事であるという考えがある。

> **メンターチームのねらい**
> ・教職員自身が持っている悩みをいつでも相談できるチームになること。
> ・よりよい学級経営をしていくために、いろいろな人の知恵を借りることができるチームになること。
> ・互いに仕事をすることの楽しさを味わうことのできるチームになること。
> ・メンターチームの育成が、そのまま学年のチーム力につながっていくこと。

　このねらいには、生麦小学校のメンターチームが組織としてどんな姿を目指せばよいかが表されている。メンターチームに所属しているメンバーが育っていくことが、「学年のチーム力」の向上にもつながるという言葉には、学校としての人材育成の考えが明確に示されている。

2 メンターチームの活動方法および活動内容

(1)構成メンバー
　新採用から6年目までの教職員。メンター長は4年目の教職員が担っている。随時、助言者・相談役として教務部から1人参加する。

(2)活動方法および活動内容

> **テーマ:「1人、年に1回研究授業を行い、互いの授業を見合う」**

① 研究授業の計画立案
　・4月当初に年間計画をつくる。
　・これまで自分が経験していない新たな教科に挑戦する。
　・校外から講師を招き、授業を見て助言してもらう。
　　(講師は授業者本人が探す、または校長に依頼する)

② 事前研究
　・メンターチームで指導案を検討する。
　・メンターチームで模擬授業をする。

③ 研究会での 共通の姿勢	・どうすればよかったかを互いに本音で言い合える研究会にする。 ・みんなでつくり上げた指導案の分析をしていく。 ・次の授業に生かせるような一手を模索していく。

3　メンターチームでの授業研究会

(1)事前検討会で行われること

　授業研究会の前に、メンターチームのメンバーだけで事前検討会を行う。特別な時間が設定されていないため、メンバーがそれぞれの時間を調整して行っている。授業者が学級の実態や授業で目指しているもの、子どもに身に付けさせたい力、課題となっているところなど、自分の授業で検討してほしいことを積極的に出していく。それらを基に、それぞれの参加者から意見が出される。メンバーを児童役にして模擬授業をする中で、学習活動や発問、板書などをより具体的に検討していく。自分たちで考えて授業を共につくっていくという活動が、ここでなされている。

> **事前検討会とは？**
> 学級の実態をふまえながら、指導案を協議し、事前に授業を組み立てる。
> ＜参加者＞
> ・採用6年目までの教職員
> ＜内容＞
> ・学級の実態についての共通理解
> ・単元（目標・評価）について
> ・指導計画・指導の手だて
> ・ワークシート・ノート指導
> ・板書・学習課題・発問 など

　メンターチームでの授業研究会は、「自分が授業研究を経験していない新たな教科に挑戦する」という約束があるため、ほとんどの教科等の指導案がこの場で検討されることになる。メンバー全員がさまざまな教科等の授業を行うことで、経験が浅いうちにすべての教科等の授業研究会を複数回行うことができるシステムとなっている。また、授業の学年も異なることが多いため、自分の担当の学年や担当教科以外の授業を見たり、授業のやり方を学んだりすることができる。メンターチームでの授業研究会は、それぞれの教科等の特性や授業のすすめ方の特徴を理解したり、系統などを自然に学んだりすることができる場ともなっている。

(2)ある日の事前検討会

　第5学年社会科、「人と自然にやさしい製品を目指して～日本の工業の特色～」の研究授業を行うための事前検討会。集まったメンバーは7人。指導案を基に、使う資料のことから話し合いが始まった。授業者が目指している、「子どもが主体的に学ぶ姿が見られる」ような授業にするために、

授業を本音で語る「生麦小メンターチーム」

どうすればよいかが話し合われた。「子どもの疑問を基に、どう学習が流れていくかを指導計画の中で明らかにするにはどうすればよいか」「子どもが主体的に学ぶためにはどんな学習活動を設定すればよいか」などを具体的に検討していった。

検討会の様子

M1：資料はどのような物を使うの？

※M：メンターチームのメンバー

授業者：実物の工業製品も出したいと思っています。教科書を中心にしますが、地図帳や資料集だけでなく、子どもたちが必要な物を家から持ってきてもよいと思っています。

M2：本時で一番大事にしたいところはどこ？

授業者：発表を聞いてわかったことを話し合うところです。子どもたちが調べた資料が本時では大切になると思います。

メンバーの意見

- 資料集を写すだけでは学習にはならないから、そこから気付いたことをまとめるとよいのではないでしょうか。
- 押さえておくポイントがあった方がよいのでは……。
- 資料を集めるときに交通、生産などの視点があってもよいのでは……。
- 発表を聞きながらそれぞれを比較して、共通点を見つけるようにしたい。

メンターチームの授業研究会では、研究を深めるために、毎回全員でテーマを持って研究授業を見るようにしている。そのために、この事前研究の話し合いの中でテーマも決める。今回は「子どもの話し合い、練り上げ」がテーマになった。その際、鍵となるのは「資料が出された後の発問」であるとし、子どもの反応に対し、教師がどう声をかけていくかを見ていくこと、そして研究協議会では「子どものこの言葉を取り上げたら、授業がこう流れた」という分析を行うことにした。

その後も本時の「知識・理解」として確実に学習しなければならない内容を確認したり、次につながる疑問を子どもから出させるために、どんな資料を示せばよいのかについて話し合ったりした。また、「次の時間に何をやるのかがわかってから、終わるようにすることが大切」など、これまでメンターチームの授業研究会で共有化し、大切にしてきたことも確認された。

(3)研究協議は付箋を使ったワークショップ型で

　研究協議は、放課後に校長室隣の会議室で行っている。司会・記録などの役割は、メンターチームのメンバーで分担する。研究協議は、教務のコーディネーター役があらかじめ助言を行い、全員で付箋を貼りながらワークショップ型の協議をし、最後に講師からの指導助言を受けて、まとめとなる。

　授業を見ながら、自分が気付いたことを付箋に書いていく。1枚の付箋に書くことは1つ。できるだけ短い言葉で、わかりやすく書いていく。先生の働きかけ、子どもの様子など、事前検討会で、メンターチームとして一緒につくってきた授業だからこそ、気付くこともある。

> **メンバー構成**
> 参加者：2年目1名　3年目2名　4年目2名　5年目2名
> コーディネーター：教務から担当が適宜参加
> 助言者：校長
> 外部講師：指導主事、他校の校長
> ※講師の決め方は、メンターからの希望の場合もあるが、校長に一任されることもある。

　話し合いは、この付箋を基に、一人一人が授業を見て気付いたことを話すことから始まる。その「気付き」が、横軸に「教師」と「子ども」、縦軸に「よさ」と「課題」を書いた模造紙のどの位置に当たるかを考え、付箋を貼っていく。次の人は、前の人が貼った付箋と関連付けながら次々に付箋を貼り、意見を述べていく。経験の浅い教員にとっては、さまざまな人の考えを聞くことによって、授業を見る視点や指導観などを学ぶことができる。ワークショップ型の話し合いを導入したことで、多くの参加者が主体的に意見を出し合う会となった。

　縦軸においた「よさ」と「課題」に対応させながら、小見出しを付けていくことによって、授業のよい点や課題となる点が浮き彫りになる。模造紙の上に、最終的にどのような話し合いが行われたのかが見える形で残るため、授業者が後で振り返るときに有効である。

> **メンターの声**
> ・授業力が、確実に付いてきたと思います。
> ・一緒に考え、支えてくれる仲間がいることはありがたいと思っています。
> ・違う立場の人のさまざまな授業が見られるよい機会になっています。
> ・率直に言える間柄の仲間であることが、とてもよいと思います。よいことばかりでなく、直した方がよいことや注意点も率直に言ってもらえるのは、ありがたいです。
> ・メンターチームでの研修は、受け身でなく試行錯誤しながら、積極的に関わろうとする場となっています。
> ・教材研究だけでなく、普段から「支え」になっています。こうなっているのは、学校全体が家族のように率直に意見を言い合えるからだと思います。
> ・年間計画を考え、組み立てていくのは勉強になります。

4 メンターチームの取り組みから見えてきたこと

　メンターチームのメンバーでの相談、話し合いは、日常的にも活発に行われている。特に平成22年度のメンバーの大半は横浜市以外の出身者で、着任のときは横浜での生活も初めてという人たちであった。メンターチームは、仕事上の悩みを解決する場でもあるが、生活基盤を築いていく上で精神的な支えにもなっている。メンターチームの取り組みを通して、経験の浅い先生が子どもと共に活動し、子どもを柱とした学級経営をしようと努力し始めた。
　校長は、学校が組織的にマネジメントできる前提を次のように考えている。

❶ 社会の変化に対応している。
❷ それぞれの権限と役割が明確になっている。
❸ 言いたいことを言い合える関係をつくっている。
❹ 組織間の結合が十分に図られている。
❺ 地域社会を巻き込んでいる。

　これらの前提は、メンターチームのありようともつながっているだろう。校内では、経験の浅い先生が、初任者研修の拠点校指導教員やメンターチームコーディネーター、初任研コーディネーターなどを務める先輩教職員に課題などについて気軽に相談する姿を見かけるようになってきたそうである。悩みや課題を相談できる同僚として、さらに、組織と組織をつなぐ役として、拠点校指導教員や初任研コーディネーターが活躍している。生麦小学校では、「一人一人の教師・教師集団を育てていく」という重点目標に対して、具体的な取り組み内容を立て、サポートしやすい職場の雰囲気の中で、自身の目指す姿を明確に描きながら、学校・学年・学級経営を行っていくことを大事にしてきた。
　メンターチームの中で育った一人一人の力が学年の力となり、学校が組織となって動いていくことができるようになってきた。「日常の中での一人一人の子どもの姿を教師が記録していく」「学級経営力を付けていくために、教師が自己評価を常にしていく」「学年研・合同学年研を活用して、学年チーム力を付けていく」「メンターチームを組織して、経験の浅い教師が学級経営力を付けていく」――、これらのことは、校長が大切な取り組みだと考えていることである。生麦小学校が組織として活性化しているのは、メンターチームが継続的に活動していることに加えて、随時、活動を評価しながら、「次につながる一手」を打っているからである。メンターチームだけではなく、地域も含め、「みんなで支える生麦小学校」という意識が定着し、学校全体が活性化している。学校が目指す姿を、一人一人の教職員が語り合うことができる学校になっている。

事例紹介

2. 「企画・運営・参加」で授業力・教師力を高める
進化するメンターチーム「中丸塾」

◎横浜市立中丸小学校

> **DATA**
>
> 横浜市立中丸小学校
> 住　　所：横浜市神奈川区
> 　　　　　神大寺3-17-1
> 職員数：25名
> 児童数：395名
> 学級数：14学級
>
> 昭和46年創立。横浜駅からバスで約3kmの住宅地にあり、横浜ランドマークタワーが遠望できる。近隣には農地や公園もあり、自然にも恵まれた学校である。全校的な異学年交流「たてわり活動」を特色ある教育活動として位置付けている。

1 はじめの一歩 ——校長の仕事の中心は「人材育成」

　中丸小学校に新任の校長が着任した。初めての校長研修で聞いた「校長の仕事の中心は自校の先生の人材育成にある。若い先生の育成に取り組むべきである」の言葉に、経験の浅い教職員を育てる責任を強く感じた。自分の仕事の中心は「人材育成」。経験の浅い教職員は、学級経営、授業づくり、子どもとの関わり方などについて課題や悩みを感じていることが多い。「経験が浅い」というだけでも、保護者から授業について心配の声が上がることもある。「若い先生たちは、一生懸命やっている。それなのに、このままでは自信をなくしてしまう。何とかしなくてはいけない」との思いが募った。そこで、「我こそはと思うものは、入って学び合おう」と、新たな校内研修の場「中丸塾」を設け、校長自らが授業づくりの相談役となることにした。経験の浅い教

● 「中丸塾」の概要

構成メンバー：	初任者から6年目までの教職員を主に、全教職員
会　　場：	校長室
内　　容：	若手教職員が学級経営、授業づくり、事務処理などさまざまな課題について話し合い、経験を積んだ教員や管理職が務める講師から助言を得ることで内容を深めている。
頻　　度：	月1回（全校たてわり活動「青空子ども集会」の日）
特　　徴：	校長・副校長が参加し、和やかな雰囲気の中で、本音を語り、本気で学び合い、力を付けていく。

職員が増えた今、この初任者の育成こそが学校の組織を革新し、活性化させる"鍵"であると考えたからである。校長の熱い思いが込められた「中丸塾」の一歩が、踏み出された。

　最初は校長から声をかけ、不定期に集まった「中丸塾」であったが、回数を重ねるうちに夕方になると経験の浅い先生が声をかけ合い、校長室に集まってくるようになってきた。日々の授業の悩み、子どもの理解の仕方、保護者に接するときの心構え、さまざまな提出書類の書き方など、「何でも話そう」「何でも聞こう」という雰囲気の中、集まった先生たちで語り合い、校長から助言を受けた。

　「中丸塾」への参加は自由。異動してきたばかりで慣れないことが多いと感じている先生も校長室にやってきた。さらに、経験を積んだ先生も助言者として、時には話し合いの仲間として積極的に参加するようになり、活気が生まれてきた。校長はまた、積極的に各教室を訪れて授業を参観し、そこで感じたことや気付いたことを、先生方の今後の教材研究や児童理解につながるように「中丸塾」で伝えていった。

2　メンターチーム「中丸塾」へ

　校長から、「中丸塾」の研修内容の企画や事務連絡などを経験の浅い教職員が担当していくことが提案された。さっそくリーダーを決め、自分たちで運営を始めた。テーマに合った講師を依頼したり、事前に教職員に研修内容を知らせたりと、初めての運営にとまどうこともあった。しかし、自分たちで校内研修を企画・運営することを通じて、依頼の方法や提案の仕方、目上の人に対する話し方など、仕事をしていく上で大切な事柄を自然と学ぶことができる。内容に関しても、「必要なことを、その人に合わせて」という「中丸塾」の合言葉の通り、自分の課題が一層明確化されたものになった。経験の浅い教職員を中心とした自主的な研修、「メンターチームとしての『中丸塾』」へと成長したのである。

3　「中丸塾」の活動

(1)「中丸塾」のメンバーと活動日
　「中丸塾」は、中丸小学校の全校たてわり活動「青空子ども集会」（月1回）の日に必ず開催さ

れ、年間行事予定にもしっかりと位置付けられている。研修時間は毎回1時間程度。メンバーは、初任者から6年目までの教職員。だが、案内は全職員に発信し、参加は誰でも自由だ。3年目の教諭が「塾長」として活躍し、コーディネーターとして10年目の教諭が参加する。企画・運営は経験の浅い教職員が行い、アドバイザリースタッフとして校長と副校長、主幹教諭も参加する。司会と記録は参加者で担当。中丸塾の資料は、その日のうちに全員に配布する。講師は、経験を積んだ校内の教職員や管理職。内容によっては外部講師を依頼することもある。年度当初に、メンターチームのリーダーを中心とした企画運営担当者（平成22年度は4名）が相談し、研修内容の年間計画を立てている。

(2) ミニゲームから始まる「中丸塾」の活動

「中丸塾」は、その日の研修担当者がリーダーとなって、参加者全員で簡単な室内ミニゲームを行うことから始まる。学級や体験学習で使えるようなゲームの紹介と、アイスブレイクを兼ねての活動である。場が和んだところで、各回のテーマに基づき、それぞれが課題として抱えていることを具体的な例を出しながら語り合う。講師の経験をふまえた事例の紹介や助言を随所で受けながら活動を深めている。授業に必要な実技やスキルの習得を研修の目的としているときは、実習を行ってから意見を交換するようにしている。

勤務時間後に開かれる「中丸塾」は、マイカップを持ち寄ってお茶を飲み、お菓子を食べながら話し合うという、和やかな雰囲気の中ですすめられている。

4　「中丸塾」の1年間

「中丸塾」の1年は、メンターチームで力を付けてきた教職員がリーダーとなり、研修計画を考えるところから始まる。その内容には、自らの初任のときを振り返り、自身が「困った」経験が生かされている。経験の浅い教職員にとって「中丸塾」は、学級経営、授業づくり、事務処理、行事の準備など、すべてがタイムリーに研修に組み込まれるので、この上ない業務の「助け」となる。和やかな雰囲気の中で率直に語り合い、学び合い、力を付けていく。そんな「中丸塾」の平成22年度の取り組みを紹介する。

月	平成22年度　研修のテーマおよび内容（計画）
4	年間計画・情報交換（朝の時間・清掃指導等について）・学校体育安全研修の報告
5	児童指導・児童理解について・水泳指導・校外学習について・情報交換
6	日々の記録と成績のつけ方・通知表「あゆみ」について・情報交換
7	「個人面談」について
8	やってみよう「実技」（理科実験の指導）
9	夏休みの振り返り・情報交換
10	前期の振り返り・情報交換
11	やってみよう「実技」（図工の技法いろいろ）・情報交換
1	やってみよう「実技」（家庭科の安全について・調理実習の指導）・情報交換
2	情報交換（学年末に向けて）・1年間の振り返り

第1回・4月　学校生活の始まり…年間計画・情報交換

　年度当初、初任者はもちろんのこと、異動してきた教職員にとっても、新たな職場でとまどったり不安に思ったりすることは多い。もちろん、朝の時間の使い方、給食指導、清掃活動など学校生活のルールの確認は、学校全体でも学年でも行われる。朝の会や給食当番、席替え、家庭学習など、学級開きという時期だからこそ、大切にしなければならないことがたくさんある。そこで4月の「中丸塾」では、学級経営上の自分の疑問や不安などを率直に話し、情報交換をすることをテーマにしている。

　まず、初任の先生が自分の行っている朝の会、掃除当番、給食当番などのやり方を話し、悩みなどを聞いてもらったりする。その後、参加しているメンバーから、現在行っている方法やこれまで取り組んできた効果的な方法などを具体的に話してもらう。こうした情報交換によって、「中丸塾」が自分の課題を解決するためのヒントを得る機会となっている。「中丸塾」では、「すぐ使ってみたい、やってみたい」と思わせる実践が身近な先輩から語られているのである。

第3回・6月　学習・生活の記録の仕方と成績のつけ方

　学期末には、通知表「あゆみ」を子どもに渡すことになる。初任者から、「テストはしたけれど、他の評価はどうしたらよいのか」「毎日の授業や生活の中で、どのような子どもの姿を記録すればよいのか」「自分はこう評価したけれど、それは正しいのか」など、不安に思っていることが話された。それを受けて、参加者全員が日々の記録の内容や方法を自分の経験してきた事例を交えて具体的に説明していく。

　最後に校長から、「『あゆみ』とは子どものよさを保護者と共感できるもの、また、中期学校経営方針（注1）や学力向上アクションプラン（注2）に基づいた指導の成果を記述するものである。『あゆみ』を担任の姿勢を示すよい機会ととらえ、先生方の子ども観、評価観を筋の通ったものとして、保護者に示すことが大切である」と助言があった。

　一人一人の教職員が「中丸塾」での研修を生かし、互いに磨き合いながら「あゆみ」の作成に取り組んだ。

注1：学校の中期的な重点目標や具体的取り組みを明らかにして、それらを保護者や市民にわかりやすく伝え、地域や保護者の力を活用しながら課題解決を図るために学校ごとに策定する。また、各校のホームページなどで公開する。
注2：自校の実態に基づき、具体的な目標を定め、子どもたちの学力を向上させる具体的な行動計画。

第4回・7月　個人面談について

　ミニゲームとして、童謡の「うさぎとかめ」と「浦島太郎」をグループに分かれて1フレーズずつ歌い合うことから始まった。

　その後、初任者から個人面談について「夏休み前にどんなことを話せばいいのか」「学習の様子は具体的にどう話せばよいのか」など、具体的な質問が出された。それに対して、メンバーからさまざまな取り組みが話された。参加者全員が、個人面談を迎える前に自らを振り返り、意識を新たにする機会となった。

● 進化するメンターチーム「中丸塾」

💬 話し合いの様子から

経験の浅い先生
- 子どものよいところを見つけたら、メモを取っている。
- 「中丸塾」で教えてもらったことだが、ノートに1ページずつクラスの子どもの名前を書いて、何か気付いたときにコメントを書いていく。1週間に1回も書けない子は自分との関わりが薄い子。そういう子には、積極的に関わるようにしている。
- 子どもたちが帰りの支度をしている時間を使って、その日1日の、一人一人の子どもについて振り返り、メモを書いている。

10年目の先生
- 「保護者は面談で何を知りたいのか」を考えることが必要。褒めるだけでいいのではない。

主幹の先生
- エピソードは具体的にすること。それを話したときに、「お母さんから見るとどうですか」など保護者の見方も聞くこと。「私は一方的な見方をしていませんよ」という姿勢を保護者に示すことが大切。

校長
- 基本的なこととして、身だしなみを整えること、話し方、聞き方、時間を守ること。それに加え、短時間であっても、子どもの理解を深める場、保護者の信頼を得る場であることを再認識するように。

第8回・11月　やってみよう「図工の技法・評価」

① 5年目の先生が横浜市の「評価」の視点「授業を変える・つなげる・高める」について簡単に説明。続いて、その日の研修の流れを話す。

② 墨汁を使ってのマーブリングの示範
　→授業に必要な用具の準備や実技の要点を確認する。

③ 参加者全員で実習
　→子どもが失敗したとき、どう声をかけるかについても、実習を伴う研修ならば、自分たちの体験を通して考えていくことができる。

○研修中の会話から

> あっ。水をこぼしちゃいました。ごめんなさい。

> 私が、「何をやっているの。先生は気を付けなさいと言ったでしょう」と言ったら傷つくよね。では、何て言えばいい。○○さんだったら、今、何て言ってほしい？

> ドンマイがいいかな。

> じゃあ、ドンマイ（笑）。

第2章 メンターチーム活動中！

④ 図工授業の支援と評価についての話し合い
　→3、4人のグループに分かれて、持ち寄った数点の子どもの作品を基に、授業のすすめ方、評価について話し合う。

> **参加者の感想**
> ・「この作品を描かせるとき、何を指導したの？」と聞かれて、自身が教師として子どもを指導したことを評価するということの意味が改めてわかった。
> ・技術を教えることも必要だが、描きたいと思っている子どもの気持ちを大切にしなければいけないと思った。
> ・1つの作品にもいろいろな見方があることを知って、作品の見方・考え方が広がった。

5 「中丸塾」への思い

　「中丸塾」は、初任者にとって不安や悩みを解決できる安心感のある場となっているだけでなく、参加者全員がそれぞれの「思い」を持って、活動に参加する場でもある。例えば、経験を積んできた教職員は、「中丸塾」をより充実したものにして次のリーダーへとつなげていこうと考えている。また校長は、個々が力を付ける機会にするとともに、人材育成の場として個々のキャリア形成を図りたいと考えている。

> **「中丸塾」への思い**
>
> **初任者**
> ・「中丸塾」は、わからないことや困っていることの解決のヒントがすぐに見つかるところがとてもいいと思っている。それは、自分自身で課題意識を持ち、それを学び合って自分で解決していくのだという気持ちで研修に臨んでいるからだと思う。
> ・「こんなことを聞いてもよいのだろうか」と遠慮してしまうようなささいなことを、話したり尋ねたりできる場が毎月1回は保障されている。そのことだけでも安心感がある。
>
> **10年目 旧塾長**
> ・「中丸塾」が「若い人だけの集まり」にグループ化しないように、全職員に活動内容を知らせ、参加を呼びかけ、常にオープンな雰囲気になるよう心がけてきた。参加は個人の意思だが、「よい研修」「役に立つ」と思う内容であれば、関心を寄せたり、参加したいと考えてくれる人が増える。研修の内容もポイントだと考えている。
> ・「中丸塾」は、一緒に学び合おうとする態度を身に付け、それを実践していく場であると同時に、学校全体を「よい雰囲気」にし続ける鍵だと思う。

> 校長
>
> ・人材育成およびOJTのシステムとして、メンターチーム「中丸塾」を位置付けたことが効果的であったと考える。個とチームの向上を図る手だてとして中期学校経営方針に位置付け、保護者、地域の方々にも理解を得るようにしている。
> ・「中丸塾」は「日々の実践が学びの場であり自分に力を付ける機会である」という認識を持ち、またこれを共有する場として存在する。教職員同士が共有できる関係であることは、職員室の文化そのものになりつつある。
> ・「中丸塾」は、さまざまな場面で親身な相談をし、精神的な支えになり、個々のキャリア形成のスタートを確実に保障する機能を果たしている。それと同時に、メンタリングの機能を小集団から組織全体のメンバーに行き渡らせ、組織の持続的成長にもつながる可能性を併せ持つといえる。

6 今後に向けて

　「中丸塾」を企画・運営・参加することは、自らが課題意識を持ち、自分で課題解決しようという意志を持って研修に臨む、教師として積極的に学ぶ姿勢を身に付けるきっかけとなっている。授業力、教師力を高めていくことに加え、メンターチームとしての働きも定着してきた。月1回の研修ペースでは、相談したいことが次々と蓄積していく。また、学年あるいは管理職に相談し、その場で対応しなければならない問題も多い。そんなとき、日常から相談できる教職員がそばにいる状況を保つことで、問題を1人で抱え込むことを防ぐことができる。校内のさまざまな場所で日常的に「ミニ中丸塾」が開かれ、その中心的な役割をメンターチームのメンバーが果たしている。

　「中丸塾」は、5年間の変遷の中で、初任者を継続して育成し、育った塾生は後輩の支援者として成長している。そしてミドル層や主幹教諭なども巻き込みながら、校内組織を確実に活性化させている。学校で起こるさまざまな出来事について、教職員全員が共に考え、共によりよい学校づくりを実現するための協働体を、教職員自らがつくっていくことが、今の学校現場に求められている。「中丸塾」は、それを為すための大きな原動力の1つである。

事例紹介

3. 「掲示板ツアー」で見えた学級・学年経営
メンターチーム「たまひよ」6年目

◎横浜市立保土ケ谷小学校

DATA

横浜市立保土ケ谷小学校
住　所：横浜市保土ケ谷区神戸町129-4
職員数：21名
児童数：368名
学級数：14学級

明治6年創立の歴史ある学校。平成12年に現在の場所に新築移転。オープンスペース、バリアフリー、多目的ホールなど、最新の設備が導入されている。学区には、横浜ビジネスパークという企業が集まったビルもあり、ビオトープの見学、米づくり、安全指導などで交流がある。また、旧東海道保土ケ谷宿の面影が残る場所もある。

1　本日のメンターチームの活動は「掲示板ツアー」

（1）掲示板ツアー「理想の教室を考えよう！」

　7月。保土ケ谷小学校会議室に「たまひよ」のメンバーが集合した。今日のテーマは「教室の掲示物」。実際の活動としては、「掲示板ツアー」。校内の全教室を回り、掲示の仕方など、学級・学年環境を見て行く。先輩の先生たちがどのように教室環境を整え、学習環境として機能させているかを直接見て、学ぶことができる。

　保土ケ谷小学校は、教室がオープンスペースという特徴がある。そのため、創意工夫を生かした明るく開放的な動きのある学習環境づくりができる。しかしその半面、教室に壁がない分、掲示スペースが限られており、初任者にとっては、雑然とした雰囲気になったり、物の置き場に困ったりという状況になってしまいがちである。学級目標の掲示、作品の展示の仕方、可動式のロッカーの置き方、共有物や子どもたちの私有物の置き場などは、教師にとって重大な関心事である。そこで、「各教室を回って理想の教室を考える」という今回の企画が生まれた。

● メンターチーム「たまひよ」6年目

紙上掲示板ツアー

16:00 活動内容の説明

○テーマの確認

　3年目の教職員が本日の進行役。進行役などの役割は担当を決めて交代で行っている。

　初任者2名(うち1名は養護教諭)を含む5年目までの教職員7名と主幹教諭がアドバイザーとして参加。合計8名でスタートする。

テーマを確認する

16:05 各学級・フロア・コーナーなどの見学

○意見を出し合いながら見学

> 机といすがきれいに並んでいますね。教室の中がとてもきれいです。黒板もきれいです。子どものいすが黒板の前に置いてありますね。

1年生の教室からスタート

> 1年生のうちにきちんとした生活習慣や学習ルールが身に付くように指導しているんだね。帰るときは、きちんと机を揃えていすをしまうということを指導したいね。
> 先生は背が高いから、いすに座った1年生にとってはずっと上を向いていることになってちょっと大変なんだよ。だから、子どもの目の高さに合わせるために、このいすは有効なんだね。

> 教室の背面は先生の名前や学校の教室配置図などが掲示してありますね。生活科の学習かな。

> 子どもたちはこれを見れば、自分が何を学んできたかがわかるね。学習をしたら、カードが増えるから、1年生にとって学習の成果がわかりやすい掲示になっているね。今後の授業の流れも考えて掲示していると思うよ。生活科や総合的な学習の時間では学習の流れが教室に残っていることが大切。

学習の足跡から教師の意図を考える

第2章 メンターチーム活動中！ 51

「子どもの描いた作品を展示するときに、四隅に小さく切った画用紙を貼り付けているんですね。」

「子どもの作品に画鋲で穴を空けないためだよ。ツーダンクリップでつなぐときも、作品同士を直接つなぐと風でちぎれたり、クリップの跡が残ったりするから、小さく切った画用紙を貼るんだ。子どもたちが一生懸命描いた作品だから、教師も大切にするという気持ちが大事なんだね。」

作品への細やかな配慮を学び取る

「みんなで使う紙やマーカー類などは、どこに置いたらよいか困っています。ロッカーもどこに置いたら使いやすいかなどと考えると、結構難しいです。」

「教室から出てすぐの棚に辞書が入れてあるから、授業のときに便利だね。マーカーもケースに入れて分けられているから使いやすいね。しまう場所が決まっていると、片付けの指導もしやすいよ。すぐ使わせたい物、子どもがすぐに使いたい物は、子どもの動線を考えて、見える場所に置く。使うことを考えて置き場を工夫することが大切だよ。ロッカーや棚を並び合わせて正方形にした上に、共同で使うマーカー類を置く、こういう置き方もあるんだね。いいなあ、この置き方。」

可動式ロッカーの位置を子どもの動線で考える

共用の物をどこに置くと使いやすいか、子どもの視点で考える

「みんな学級目標って、決めたよね。それをどうしている？」

「教室の前に掲示していますけれど…。」

「活動したことをみんなで振り返りながら価値付け、学級目標に向かってすすんでいることがわかる掲示だね。教室の前と後ろにロープを張って、目標にすすむ様子をロケットで表した先生もいるよ。学級目標は飾りではないから、それに向かってクラスが1つになれるような工夫をしたいね。子どもによっては教室の前面に掲示物があると落ち着かなくなってしまう場合もあるので、そのときは配慮が必要だということを覚えておこう。」

学級目標に向かう姿を可視化する

| 16:45 | 活動の振り返り |

○司会を中心に気付いたことを語る
　「理想の教室」を考えて、各自が学んだこと、今後取り組んでみたいことについて、交流し合う。
○次回の活動の確認・その他
　年度末に学級目標について考える機会を持ちたいという要望が出される。

振り返り・次への見通し

(2) 掲示板ツアーから見えてきたこと

　掲示物は教師が意図を持って作成したものである。それをどのように掲示するかも、教師が意図的に行っている。子どもが帰った後の教室からは、その教師の学級経営そのものが伝わってくる。保健室や音楽室、家庭科室なども同じである。今回の掲示板ツアーで話し合われた要素は、次のように大きく2つに分けることができる。

学級経営・特別活動の視点から
・学級目標の立て方
・学級目標の年間を通した活用法
・係活動の充実のさせ方
・共用の色ペンや画用紙などの置き方
・座席（座席の型、席替えの仕方）
・学級生活のルールづくり
・ロッカーの置き方

教材研究の視点から
図画工作科の作品の掲示の仕方
・立体作品の展示の仕方
・書写の作品の掲示の仕方
・筆の乾かし方、紙ばさみのつくり方
・生活科・総合的な学習の時間の単元構想の在り方

　教室を回りながら、メンバーの間では「学級経営」を柱にした話し合いが行われていた。普段、疑問に思っていたことや、知りたくてもなかなか聞く機会がなかったことが、自由な雰囲気の中で行われた掲示板ツアーを通して、解決したり、アイデアを得たりすることができたのである。

2 保土ケ谷小学校メンターチーム「たまひよ」とは

(1)はじまりは

　保土ケ谷小学校のメンターチームは平成17年度に発足した。その背景には、ここ数年の間で、初任者が毎年赴任するようになったということがある。小規模校である上に、経験年数の浅い教職員が多くなり、「若手が力を付ける」必要性が出てきた。もちろん、授業研究も熱心に行われている。研究協議においては、経験年数の浅い教職員も積極的に発言する。授業研究に意欲的に取り組もうという学校の雰囲気も伝統的に続いている。しかし一方では、もっと素朴な疑問や授業の課題、学級経営の悩みなどについて話し合う機会が必要であるという考えも生まれてきた。

　そうして、保土ケ谷小学校に初任者として着任したメンバーが集まり、話し合う機会を持った。このチームは、先生として「たまご」「ひよこ」であるということから、「たまひよ」と名付けられた。メンターチーム「たまひよ」の立ち上げである。平成21年度からは校務分掌の1つになり、「たまひよ」は組織として明確に位置付けられた。

(2)構成メンバー

　保土ケ谷小学校が初任校となる、初任者、2年目、3年目、5年目の教諭で構成されている。「たまひよ」を中心になってすすめているのは、5年目の教諭である。メンバーが話し合って運営に当たる代表を決め、さらにここに、アドバイザーとして主幹教諭も加わる。また、マット運動の実技ならば体育主任が講師となるといったように、テーマや内容によっては、専門性や校務分掌を生かしたアドバイザーが参加する。

●「たまひよ」の概要（平成22年度）

構成メンバー：	初任者から5年目までの教職員、主幹教諭
会　　　場：	会議室
内　　　容：	参加者のニーズに合わせて、学級経営や授業力向上を目指した研修
頻　　　度：	月1回
特　　　徴：	メンバーが主体的に計画・運営している。主幹教諭がアドバイザーとして参加。

「たまひよ」年間取り組み内容の例
- 〇模擬授業
- 〇ノート指導の在り方（メンバーの授業を通して）
- 〇ベテラン教師の授業参観
- 〇板書の構成の仕方〔講師：校長〕
- 〇「あゆみ（連絡票）」を書く視点
  - ・「あゆみ」を読む〔講師：評価部会〕
  - ・互いに書いた文章を読み合う
- 〇教室環境（座席・掲示）を考える
- 〇係活動のすすめ方〔講師：特別活動主任〕
- 〇話し方・聞き方の指導
- 〇掃除・給食の指導
- 〇自分たちの課題に応じた授業のための研究
  - ・体育…マット運動〔講師：体育主任〕
  - ・図工…道具の指導の仕方〔講師：図画工作科主任〕

自由な雰囲気の中で話し合われる会でありながらも、経験豊かな主幹教諭が加わることにより、気付かせたり、導いたりすることができ、研修内容の質も高まる。これが「たまひよ」の特徴の1つでもある。

(3) 活動日・年間予定
　活動日は、年間行事予定の中に位置付けられている。メンターチーム活動の1回目に、これまでの取り組みを参考にしながら、自分たちが持っている課題や知りたいこと、わからないことなどを出し合って、必要性のあるものから順序を考え、計画を立ててすすめている。

3 「たまひよ」から見えてきたこと

(1) 人材育成の視点から見た「たまひよ」のよさ　――モデリング
　メンターチームの活動では、経験年数が近い先輩のアドバイスを受けることが多い。「たまひよ」のメンバーのほとんどが、保土ケ谷小学校に初任者として赴任した人たちである。そのため初任者は、1年後の自分の姿なり、5年後の自分の姿をメンターチームのメンバーに重ねることができる。「この先輩のようにありたい」と身近な目標としたり、1年後、2年後の自分の姿を予測したりすることができるのだ。また5年次教員にとっても、主幹教諭の姿から自分の将来像を展望することになる。メンターチームに参加することによって、自分自身の教師としての成長の見通しを持つことができるのである。そうした自分になるためにはどうすればよいかと考えることによって、自らの課題を解決するだけでなく、同時に自分の仕事に対する責任感も養うことができる。身近なモデルを見る場が、このメンターチーム「たまひよ」であり、初任者や経験の浅い教職員にとって、最も早く、最も着実な育成の場となっている。

(2) ニーズに合った学び
　「たまひよ」でのテーマは、自分たちが疑問に思っていること、知りたいことが中心である。今回の「掲示物」のように、毎年繰り返しテーマとなっているものもある。経験の浅いメンバーが相互に関わりを持ちながら、各自が能動的に活動をつくり上げていくことに、このメンターチーム「たまひよ」のよさがある。他者から与えられた学びではなく、自らが欲して学ぶ場となっていると同時に、参加者が相互に学び合う場でもある。

(3) 自己開示・コミュニケーションの場

　思ったことを素直に言い合える雰囲気のあるこの会は、自分たちの抱える課題を解決するためのヒントを得ることができるだけでなく、安心感や信頼感を築き合ったり、相互のコミュニケーションを深めたりすることにも役立っている。この会を通して、「ヨコ」のつながりが自然に出来上がってくる。それだけにとどまらず、主幹教諭を通して、「タテ」の関係も同時に出来上がってくるのである。

初任者・2年目・3年目
① わからないことを解決する場
② 困っていることを相談する場
③ 自分が思っていることや考えていることを表出する場
④ 教師としての数年後を見通したモデルを見つける場〈1年後、5年後、10年後の自分〉
⑤ 明文化されていない教師の仕事の技を受け継ぐ場
⑥ 明日への意欲を持つ場

5年次教員
① 初任者・2年目・3年目の発言・活動を価値付ける場
② 数年前の自分を振り返る場
③ 会を運営する（マネジメント力を高める）場
④ ファシリテーターを務める場
⑤ 教師の仕事の技を伝える場

主幹教諭
① コミュニケーションの場
② 管理職と初任者をつなぐ場
③ 指導的なマネジメント力を高める場
④ 教師の仕事の技を伝える場
⑤ メンターチームの仕事への意欲を高める場

個々の授業力向上・授業改善へ

4 「たまひよ」のこれから

　保土ケ谷小学校のメンターチームは、朝の打ち合わせなどを利用して、自分たちがどんな活動をしているかを全職員に伝えている。活動の内容を全職員が理解しているということは、学校の組織であるメンターチームにとって、大切なことである。前述した、「ヨコ」のつながりを「タテ」にもつなぐことになる。

　平成22年度の活動から、メンターチームのメンバーに「たまひよ」の課題を尋ねたところ、
「チームとしてのねらいをはっきりさせること、それに基づいた年間計画を作成していくことが課題である。それは、研修評価にも関わってくる。現在、『たまひよ』の活動に対して、変容や成果を問われることはあまりない。だからといって、自己啓発研修にとどまっていると、『活動をしている』ということだけになりがちである」
という答えが返ってきた。

　また、これからの「たまひよ」についての考えを聞くと、「例えば、係活動についての会で行ったように、『学級目標とリンクした係活動にしたいから、そのために係活動の在り方を研修する』といったような活動の筋道をつくっていくことが必要である」と言う。さらに、OJTとしてのメンターチームという視点からは、「メンバーが互いの学級経営を評価し合うような活動の工夫に取り組むことも大切になってくる」と考えているということである。

　保土ケ谷小学校では、中学校ブロック内のメンターチームと連携を図っていくなど、メンターチーム「たまひよ」を他校のそれとつなぐネットワークをつくっていくことも、今後取り組んでいきたいと考えているという。新しい視点として注目したい。

事例紹介

4. 参加体験型研修と「めんたいこだより」で情報共有
コーディネーターが引っ張る「めんたいこ」

◎横浜市立矢向小学校

DATA
横浜市立矢向小学校
住　所：横浜市鶴見区矢向3-8-1
職員数：35名
児童数：703名
学級数：24学級

鶴見川と多摩川にはさまれた、川崎市にほど近い場所に位置する。学区には、鎌倉時代に建立された良忠寺のほか、貨物の基地であった新鶴見操車場の跡地（現・横須賀線）が広がる。また、江戸時代に多摩川より引かれた「二ヶ領用水」の跡も残されている。

1 はじまり──「組織だったサポート体制を」という思いから

「新採用の先生たちはプレッシャーや不安を感じ、ストレスがたまる。自信を持って教職を続けていくためには、組織だったサポート体制が必要」と、黒木校長はメンターチームの必要性を説く。矢向小学校では、メンターチームを校内組織に位置付け、5年目までの教職員をメンバーとして登録する。以前から組織はあったが、実際に活動を始めたのは平成21年度からで、以降メンバーが気軽に話し合えるようになり、職場全体のコミュニケーションも活性化しているという。

メンターチームを引っ張るのは、校長の呼びかけに応え「私がやります」とコーディネーター役を引き受けた主幹教諭の木下先生だ。他のベテランも「メンターチームは全教職員で育てる」という気持ちでサポートしており、全員で力を出し合いカバーし合える職場づくりを目指している。

● 「めんたいこ」の概要（平成22年度）

構成メンバー：初任者2名　2年目2名　3年目3名　4年目1名　5年目2名　まとめ役に主幹教諭が参加
会　　　場：校長室（誰でも気軽に参加できるように）
内　　　容：参加者のニーズに合わせて、学級経営や授業力向上など自分を高める研修、実技研修、情報交換、2年目・3年目研修の授業研究会のサポート
頻　　　度：月1回程度　16：15～
特　　　徴：全教職員に報告書を発行　参加体験型の講座の設定

● コーディネーターが引っ張る「めんたいこ」

2　平成21年の立ち上げから

　「矢向小学校に初任者として着任した仲間が協力し合えたり、互いを高め合えたりする場をつくりたい。そうできる関係をつくりたい」「先輩の先生から気軽に学べる雰囲気をつくりたい」というねらいから組織を立ち上げたが、最初に木下先生の目に映ったメンバーの姿は、「電話の受け応えができない」「保護者対応ができない」など、社会人としても"独り立ち"するには不安なものだった。

> **メンバーの思い**
> ・何をするのだろう。
> ・同じぐらいの経験の人たちの考えを聞いてみたい。

⇔

> **担当者の思い**
> ・一人一人が主体的に関われる場であってほしい。
> ・今、一番必要としていることは何か。テーマは何が適当か？

第1回・4月　　「うまくいったことを話そう」「チーム名を決めよう」

○ねらい　会の趣旨理解と、この会への思いの共有化
○テーマ　「学級開きから今日までうまくいったこと」
　・子どもたちに出会ったときの自己紹介に力を入れる。
　　→子どもの心をつかむチャンス。これって大人も同じ。自分たちはどう？
　・ルールをしっかり話す　・朝の会、帰りの会の工夫
　・係活動の充実
　　→クラスの中で自分の仕事・役割があるって大切。頑張れる。
　・当番表の作り方
○会の最後にチーム名を決める
　・「めんたいこ」はどう？　どういう意味？
　・私たち一人一人がめんたいこの粒、集まって1つになって「めんたいこ」。

> 失敗も含め、困ったことも気軽に相談できる場になるといいね。

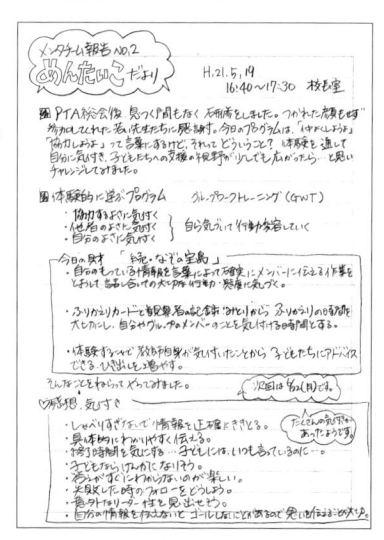

メンターチーム報告「めんたいこだより」

第2章 メンターチーム活動中！

> **第2回・5月**　「こんな研修もあったんだ」

　矢向小学校の大きな特色は、グループワークの手法をメンターチームに取り入れている点である。木下先生は長年グループワークの研究会に参加し、多くの研修を積んできた経験から、メンバーにとって必要な「財」を見抜き、タイムリーに提供することができる。

○グループワークの財　「続・なぞの宝島」
○財のねらい　「協力するよさに気付く　自分のよさに気付く　他者のよさに気付く」
○グループワークの実際
・自分が持っている情報を言葉によって確実にメンバーに伝える作業を通して、話し合いでの大切な行動、態度に気付く。
・振り返りカードと観察者の記録、見取りからの振り返りを大切にし、自分やグループのメンバーのことを気付ける時間とする。
・体験しながら教師自身が気付くことで、子どもたちにアドバイスできる視点を広げる。
・「仲よくしよう」「協力しよう」という言葉をよく使うが、「それってどういうこと？」と、教師自身が考えるきっかけをつくる。

メンバーの感想・気付き
・しゃべりすぎないで情報を正確に聞き取ることが大切。
・具体的にわかりやすく伝えるようにする。
・自分が持っている情報をしっかり伝えないと結論が出ないので、伝えることが大切であることに気付けそう。
・終了時刻を気にする。子どもたちにはいつも言っているのに…。
・答えがすぐにわからないのが楽しい。
・失敗したときのフォローをどうするか考えたい。
・子どもがやったら意外なリーダー性やチームワークが見えたりしそうでおもしろい。

> 正解することだけがよいのではなく、正解に向かうための話し合い、そこに向かう気持ちが大切であることに気付いてほしい。子どもたちにも伝えてほしい。

3　1年目の成果と課題（平成21年度）

成果
○メンバーに横のつながり（学年研究会以外に気軽に話せる場）ができた。
○「めんたいこだより」を発行することにより、本格的にスタートした。メンターチームとして取り組んでいることを共有化できた。

| 課題 | ２年目につなげること |

○テーマをメンバーが設定できるようにしたい。今、自分たちに必要なことは何かを考える機会にしていきたい。
○メンターチームのメンバー以外の教職員が関われるシステムづくりを考えたい。

4 成果と課題を生かした２年目スタート

１年目の活動をステップに、２年目のねらいを次の３つにした。
❶ 矢向小学校で初任、または採用から５年目までの先生が集まり、横のつながりを持つ。
❷ 先輩の先生から学べる場とする。
❸ 経験の浅い先生が、元気に自信を持って仕事ができるようにする。
これ以外に、６年目の４人の先生にもバックアップしてもらい、スタートした。

| 第２回・５月 | 「子どものせいにしていませんか？」 |

　第１回目のメンターチームで、メンバーが「子どもが話を聞けない」「静かにならない」「きちんと整列できない」という悩みを持っていることを知った木下先生は、さっそくグループワークを活用して、自ら体験することで学び、気付く場面を設定した。
○グループワークの財　「ぼくらはジョーズ（話し上手・聞き上手）」
○財のねらい　「子どもを変えたいと思ったら、自分のやり方を振り返り、改善するという視点に気付く」

メンバーの感想・気付き
・みんながわかるように伝えるには、いくつもの伝え方を持っていなければならない。
・書けない子、わからない子という問題ではなく、どうしたらわかるように伝えられるか、教師が考えることが大切。
・思いを伝えることはとても難しいと感じた。
・伝わったときは、褒めてもらえるとうれしい。
・今、自分がやっていることが間違っていないか、安心できる言葉がけがあるとうれしい。

第3回・6月 「まずは教師自身が見直す場面がたくさんある」

　第3回目のメンターチームでは、「自分づくり、仲間づくり、集団づくり」をキーワードに「子どもの社会的スキル横浜プログラム」（以下、「横浜プログラム」＝横浜市教育委員会）の内容と活用の仕方を研修した。

○実践したプログラム
　「手拍子チームワーク」「なかよくあくしゅ」「トントン名前呼びゲーム」
　「欠点も見方を変えればいいところ」「さわやかな言葉のかけ方」

　木下先生は、「参加体験型のプログラムを行った後に、必ず振り返りの時間を取ることが大切」だと言う。実際、「横浜プログラム」を体験した後も、その意味や活用について話し合い、体験だけが独り歩きすることのないように心配りをしていた。

> **メンバーの感想・気付き**
> ・言葉での指導だけでなく、活動するとストレートに伝わることがわかった。
> ・仲間づくりの方法をたくさん知ることができた。活動から一体感を感じた。
> ・子どもたちが気付ける言葉かけが大切。友だち、仲間同士の関わりが少ないと感じた。

「子どもの社会的スキル横浜プログラム」とは

　横浜市教育委員会は、横浜版学習指導要領の中で重点課題として「豊かな心の育成」「コミュニケーション能力の育成」を掲げ、その具体策の1つとして、「子どもの社会的スキル横浜プログラム」を作成した。
　そこでは、子どもたちに年齢相応の社会的スキルが十分に備わっていない背景に、乳幼児期からの発達課題の積み残しがあると考えた。それは「非受容体験」「がまん体験」「群れあい体験」の3つの基本体験の不足で、横浜プログラムではこの体験の不足を補うために、「自分づくり」「仲間づくり」「集団づくり」の「3つのアプローチの視点」から、51の指導プログラムを示した。
　また、横浜プログラムには、子どもの社会的スキルの育成状況を測定する尺度として、「Y-Pアセスメント」尺度がある。これを使い、子どもや学級の社会的スキルの育成状況を把握し、適切な指導プログラムを選択できるようにした。
　さらに、「Y-Pアセスメント」を用いた支援検討会を開くことにより、複数の教師が共通した指導・支援の在り方を確認し合い、組織としての支援体制を構築することができる。
　指導プログラムとY-Pアセスメントシートを併せて活用し、より一層効果的な子どもの社会的スキルの育成を図ることが期待される。

5 メンターチームを引っ張るコーディネーター

　矢向小学校の強みは、何よりメンターチームを引っ張るコーディネーターがいることだ。バイタリティあふれる木下先生がチームのメンバーの課題を的確につかみ、それに合った研修を行うことで、課題が改善され、不安が解消していく。

　また、紹介した研修の他にも、体育の実技研修を行っている。これまでに「とび箱」「ハードル」「タグラグビー」などを取り上げているが、これは、冬に矢向小学校で開催される「区一斉授業研究会」（区教育研究会主催）でメンバーが公開する授業と同じ内容となっている。夏の間から半年近く先のことを考え、間近になっても焦らなくて済むように計画的にプログラムできるのは、ベテランの「味」である。

　なお、体育実技研修には、体育を専門とする副校長が講師として参加しているそうである。これも、全職員で人材育成を考える矢向小学校ならではの光景である。

　ベテランコーディネーターの味は、手書きの「めんたいこだより」にも表れている。パソコン全盛期にあって、あえて手書きにこだわり、「思いを伝えるには手書きが一番」と話す木下先生は、メンターチームのメンバーにとっても目指すべき先輩教員なのである。

　手書きの「めんたいこだより」は、研修実施後すぐに全教職員に配付され、メンターチームの取り組みが共有される。「若手だけで固まって何かしている」と思われないためには、こうした取り組みが非常に大切であり、ベテランとメンターチームのよいコミュニケーションツールとなっている。

　「初任者をはじめ、経験の浅い教職員を"ひとり"にしない」という木下先生をはじめ、全教職員の強い思いに支えられ、2年目を迎えたメンターチームが力強さを増している。そんな印象の矢向小学校である。メンターチーム卒業生の活躍にも期待したい。

グループワークの出典

横浜市学校GWT研究会著、坂野公信監修『学校グループワーク・トレーニング』（遊戯社、1989年）
横浜市学校GWT研究会著、坂野公信監修『協力すれば何かが変わる―続・学校グループワーク・トレーニング』（遊戯社、1994年）

「子どもの社会的スキル横浜プログラム」の出典

横浜市教育委員会『子どもの社会的スキル横浜プログラム 個から育てる集団づくり』（学研マーケティング、2010年）

事例紹介

5. 主幹教諭をリーダーとしたOJTシステム
少人数チームで実践!「チームヒガカモ」

◎横浜市立東鴨居中学校

DATA
横浜市立東鴨居中学校
住　所：横浜市緑区鴨居3-39-1
職員数：30名
児童数：465名
学級数：15学級

横浜市北部の緑区にある東鴨居中学校は、2つの連合町内会「鴨居地区」「東本郷地区」から成る地域を学区とする。学校と地域の連携は良好で、地域のレクリエーション大会などを通して生徒の育成を支援する温かな雰囲気があり、PTAでは保護者のボランティア・親睦組織「親ガモの会」も設置。生徒と教師との信頼関係が確立され、授業や行事、部活動にも積極的に取り組んでいる。

1 「チームヒガカモ」設置の経緯

　東鴨居中学校で「チームヒガカモ」の前身である「初任者指導スペシャルチーム（ST）」が設立されたのは、平成20年度のことである。当時、校内で初任者や経験年数の浅い教員の割合が増えてきたため、そのバックアップ体制の一環として主幹教諭たちが中心となり、「ST」を立ち上げたのである。初任者研修制度では、1人の初任者に対し1人の指導教員がついて1年間指導することになっているが、「ST」ではその他にも経験豊富な教員が初任者の指導に当たるようにし、より多くの教員が初任者の育成に関われるように工夫したのである。

　その後、主幹教諭たちの自主的で積極的な姿勢を生かすとともに、校内でメンターチームによる人材育成をすすめたい、さらにこの機に職員集団の仲のよさを生かして校内研修の在り方を改善したいという当時の校長の思いも加わり、平成21年度に「チームヒガカモ」が誕生した。

●「チームヒガカモ」の概要（平成22年度）

構成メンバー：	主幹教諭をリーダーとする全教職員
会　　　場：	チームごとに設定
内　　　容：	授業力、マネジメント力、コンプライアンスの各領域から設定
頻　　　度：	月1回程度
特　　　徴：	研修の方法・内容が各チームに任されている

2 「チームヒガカモ」の特色

「チームヒガカモ」は、校内で人材育成を組織的にすすめるとともに、そのプロセスで教職員の人間関係を深め、校内組織を活性化させることを目的に設置された。

❶ 主幹教諭をリーダーとして編成された教職員全員によるチームである。
❷ 各チームの構成メンバーは、経験年数、年齢、学年、教科を考慮し、主幹教諭が決定。
❸ 研修開催日、時間、研修内容、研修方法は各チームで設定。
❹ チームごとにチーム名、キャッチフレーズを決める。
❺ 研修内容は、チームごとに次の３つの領域からバランスよく設定。
　a. 授業力向上に関すること（指導の基礎・基本、評価・評定等）
　b. マネジメントに関すること（学級経営、生徒理解・指導等）
　c. 教職員の服務・規律等コンプライアンスに関すること（不祥事防止等）
❻ 各チームの研修では、「本音で」「ニーズに応じて」「楽しく」を心がける。

3 「チームヒガカモ」の実際

（1）「チームヒガカモ」の組織

東鴨居中学校の平成22年度の教職員の構成は、次の通りである。

経験年数	初任者(0)	1〜3	4〜6	7〜9	10〜19	20〜29	30〜	合計
計	2	6	3	0	3	7(4)	3(1)	24(5)

※常勤の教諭のみ　※（ ）内は主幹教諭

そしてこの教職員を各主幹教諭をリーダーとして、次のように5チームに編成した。

チームA（5人）	チームB（5人）	チームC（4人）	チームD（5人）	チームE（5人）
主幹Ⅰ（50代）	主幹Ⅱ（50代）	主幹Ⅲ（40代）	主幹Ⅳ（40代）	主幹Ⅴ（50代）
60代	50代	40代	50代	50代
40代	40代	30代	40代	40代
20代	30代	30代	30代	40代
20代	20代		30代	20代

(2)「チームヒガカモ」の活動

チームの活動は6月から開始し、授業終了後に時間を確保した。第1回研修の主な活動は、研修計画を立案することである。

まず、チーム名やキャッチフレーズを考えることから始まった。その日はチームが発足した日であり、チームメンバーの初顔合わせでもある。そこで、本題に入る前にアイスブレイクを兼ねて、メンバーの紹介など雰囲気をほぐす活動を取り入れている。

メンバーが打ち解けた後は、チーム研修計画を立案した（図表2-1）。チーム研修計画の作成プロセスでは、チームの各月の活動計画を具体的に考えた。リーダーである主幹教諭は、メンバーのニーズを聞き出しながら、時期に応じたテーマを設定する。

そして以降は、チームごとに行事の合間をぬいながら研修時間を設定し、短時間でもそのテーマに応じた研修を実施していくのである。

校長から各チームへ

・小さなコミュニケーションを積み重ねて学び合っていきましょう。
・自主・自律的なヒガカモ職員集団をつくっていきましょう。
・受け身ではなく、自ら学ぶ研修にしていきましょう。
・ニーズに合った、今必要な研修をしていきましょう。
・中堅・ベテラン教員が今まで学んだ技術を若手に伝承する研修にしましょう。
・本音を語り合い、困ったことを相談し合える研修にしましょう。

チームごとに研修を実施することのメリットは、チームに所属する経験の浅い教員のニーズに合った研修ができることであるが、一方でチームごとに方針や内容がばらばらになってしまう恐れもある。そこで、校長が年度当初に活動方針を示し、何のために研修をするのかを明確にした上で、研修がスタートできるように工夫している。

また、研修で扱う内容についても、

❶ 授業力向上に関すること
❷ マネジメントに関すること
❸ 教職員規律に関すること

という3つの領域で整理されているため、どのチームに所属しても、活動内容がばらばらになることはない。

第1回研修
この日は、一斉にチーム名、キャッチフレーズ、年間計画を決めていた。以降は研修ができる日を設定して、チームごとのテーマに応じて研修をすすめる

● 少人数チームで実践!「チームヒガカモ」

Aチーム計画書 メンバー(○○、○□、……)

| チーム名 | わすれな草 | キャッチフレーズ | 継続は力なり |

月＼内容	授業力向上に関すること 基礎・基本、評価・評定	マネジメントに関すること 学級経営、生徒指導等	教職員規律に関すること 不祥事防止など
6月	道徳研修 成績処理ソフトの使い方		
7月	教科所見　評価・評定	面談での心得	夏休み中の心得
8月	（教育課程報告）	（初任者研修について）	
9月	生徒の授業アンケートを振り返って	連絡票の所見 教育相談	成績処理USBの扱い方の確認
10月		文化祭 担任の合唱指導について	
11月	チーム内相互の授業研究		この他、不祥事研修は職員会議の折に一斉に実施
12月		進路指導について （1年職業講話、2年職業体験、3年進路決定）	
1月	次年度に向けて 各自の授業反省、 評価・評定について		
2月		学年のまとめ （来年に向けての意識）	
3月	1年間授業振り返り （学習状況調査をふまえ）		

図表2-1：チーム研修計画書の例

(3)「チームヒガカモ」による人材育成の効果 ──管理職の立場から

「初任者指導スペシャルチーム」からスタートし、「チームヒガカモ」へと成長した東鴨居中学校のメンターチームだが、初任者を指導する立場にある管理職からは、単なる初任者研修から一歩すすんだ校内OJTとして評価されている。

管理職の意見

- 従来から行われていた学年組織の中での校内OJTは実践的である一方、経験や暗黙知に頼ってすすめられることが多く、計画的な人材育成としては課題もあったが、「チームヒガカモ」による研修により、人材育成を意図的、計画的に実施できるようになった。

- 日々の実践や経験の中から学べる学年組織でのOJTを縦糸とするならば、テーマに沿って行う「チームヒガカモ」での育成は横糸のようなものである。その縦・横の学びを組み合わせることにより、バランスよく育成をすすめることができている。

- 若手教員をはじめとする経験年数の浅い教員など、限られたメンバーだけでなく、ベテラン教員も含め全員が研修に参加することにより、人材育成を組織として行っているという意識を全員が持つことができている。

- 「チームヒガカモ」では、OJT型の研修をグループごとに少人数で実施するため、テーマがメンバーのニーズに合っており、日時の設定、場所の確保など実施しやすい環境設定になっている。

- 全体で一斉に行う研修と比べ、少人数で行う研修の場では一人一人が話をする時間が断然多く、本音が出し合えている。

- 少人数での活発なコミュニケーションにより、テーマについての学習だけでなく、チーム内の人間関係が深まる機会になっている。それは、チーム研修では自己開示が多くできる雰囲気とその機会があるからでもある。そしてそれは、職場全体の豊かなコミュニケーションを図ることにもつながっている。

- チームリーダーである主幹教諭にとっては、一人一人に育成に関するコミットメントが生まれてきている。活動を通して主幹教諭としての意識の高揚、指導力や組織マネジメント力の向上、ロールモデルとしての言動などが期待できる。

- 研修を行う中で望ましい職員間の規範が自然に確立されていき、それとともに、自由に意見が言い合える人間関係や組織風土が醸成されると考えられる。

(4)「チームヒガカモ」研修に参加して ──チームメンバーの立場から

「チームヒガカモ」での研修は、学年や教科を超えた校内OJTとして浸透しつつある。校内でのこうした交流は、初任者だけでなくメンバー全員にとっても成果のあるものとなっている。

● 少人数チームで実践!「チームヒガカモ」

> **チームメンバーの意見**
>
> **成果**
> - 教科や学年の枠を超えて、さまざまな立場の教員の考えを聞くことができ、アドバイスをもらうことができた。
> - 普段、あまり話す機会がなかった教員と話し合いができた。
> - 他教科の研究授業のための授業設計や展開を一緒に考える機会があり、大変参考になった。
> - 連絡票の所見の書き方や面談で話す内容などが参考になった。
> - 初めて3年生の担任になったときに、進路指導のすすめ方の話が聞けて勉強になった。
> - 初任者であっても、教職員としての自覚と見識を高めるために自ら努力しなければならないが、「チームヒガカモ」の研修を通してそのきっかけづくりができた。
>
> **課題**
> - 不祥事防止に関わる研修は「〜してはいけない」がどうしても多くなってしまうので、「どうすればよくなるか」という視点を持って研修に取り組めると、さらに深まったと思う。
> - 新学習指導要領の方向性や確認すべき内容を研修に位置付ければよかった。

4 校内人材育成のこれから

　「チームヒガカモ」の大きな特徴は、基本的なルールや方針を共通理解した後は、各チームのリーダーである主幹教諭のもとに少人数でさっと集まり、ニーズに合った研修を行っている点である。各チームは切磋琢磨して、より内容のある研修をつくろうと努力している。

　しかも、全職員が研修に関わることで、組織的な人材育成システムをつくり出しており、組織マネジメントという視点からも優れた特徴を持っている。

　しかし、管理職の目から見れば、経験の浅い教員には、まだまだ身に付けなければならない指導技術や内容もある。それは例えば、朝・帰りの学級活動の活用、集会・集団行動の方法、教室・授業における基本的な規律の考え方、生徒との適切な距離感・コミュニケーション、「子どもの社会的スキル横浜プログラム」の「Y-Pアセスメントシート」(p.62)の活用などである。

　こうした具体的な内容については、「チームヒガカモ」の番外編として、対象となる教職員の負担を考慮しながら、月1回程度の頻度で、副校長が主宰して勉強会を開催していくことも計画している。

　さらに、校内人材育成の今後について校長に問うと、「教職員のキャリアステージにおける人材育成指標」(p.116)を活用して教職員一人一人が目標や課題を明確にした上で、「チームヒガカモ」の研修に参加できるようにすることで、個々の力を高め、学校力を向上させていきたいという展望を熱く語ってくれた。

事例紹介

6. 組織の力で同僚性を構築
既存の組織を生かした「戸高研」

◎横浜市立戸塚高等学校

> **DATA**
>
> 横浜市立戸塚高等学校
> 住　所：横浜市戸塚区汲沢2-27-1
> 職員数：71名
> 生徒数：829名
> 学級数：21学級
> URL：
> http://www.edu.city.yokohama.jp/sch/hs/totsuka/
>
> 昭和3年開校の単位制・普通科の伝統校。再開発がすすむJR戸塚駅より西に約1.5kmにある。横浜市営地下鉄・踊場駅の新設により、市内全域から生徒が入学する。平成7年に新校舎落成。20年度には、「小・中・高、地域連携型教育の推進」事業で「パイオニアスクールよこはま」（注1）に指定される。生徒の社会参画への意識を高め、地域社会の課題に積極的に向き合い、解決する学習を重視する。21、22年度にはSPPC（注2）に認定され、理科教育に力を入れている。

注1：横浜市教育委員会や学校が従来の制度や運用の枠組みにとらわれない新たな取り組みに挑戦し、新しい時代の要請に応じた教育の実現や地域の特性に応じた教育を提供していくための提案公募型改革モデル校事業。

注2：サイエンス・パートナーシップ・プロジェクト。児童生徒の科学技術、理科、数学に対する興味・関心と知的探究心などを育成するとともに、進路意識の醸成および層の厚い科学技術関係人材の形成を目的として、学校と大学・科学館などとの連携により、科学技術、理科、数学に関する観察、実験、実習などの体験的・問題解決的な学習活動を実施する際の経費支援などを行っている。

1 高等学校の現状 ── 任意組織の成立

　横浜市内にある11の市立高等学校には、634名（平成22年5月現在）の教員がいる。しかし、小・中学校と違い、多くの教員は、限られた学校間での異動となる。そのため人的環境の変化は比較的緩やかであり、長期的な視野での人材育成が求められる。これまで、高度な専門的知識や技能は、授業公開を行うなど先輩教員が中心となってのOJTで引き継がれてきた。

　高等学校の教員には、教科等指導や進路指導、部活動指導など、高度な専門性と課題対応力が求められており、今後も引き続き、中・高等教育をめぐる環境変化に鋭敏に対応できる学校組織力と一人一人の教員の学校経営への積極的な参画が期待されている。

　横浜市立高等学校の教員の年齢構成は、小・中学校に見られるような年齢層の二極化傾向はなく、全体として経験豊富なベテラン層が多い状況にある。しかしながら近年、経験豊富な教員の退職者が増える中で、新採用者の配置も増加傾向にある（戸塚高校でも、平成22年度は新採用教員が3年ぶりに2名配置された）。

　今後は、人的環境が少しずつ変化する中で、専門的な知識やスキルといった指導技術の伝達も

● 既存の組織を生かした「戸高研」

急がれており、校内における組織的な人材育成が課題となっている。

こうした状況の中で、平成17年度に「戸高研」を立ち上げ、学校運営に実績を積み上げてきた。参加はあくまで任意で、4月当初に委員を募り、職員会議で承認を得てメンバーを決定し、明日の戸塚高校の在り方を、主に教育課程の骨子の面からディスカッションしている。

初めから人材育成を意図してつくった組織ではなく、任意の組織であった。会の活性化を目指し、「参加者は必ず発言をする。自分の意志を明確にする」というルールもつくられた。組織づくりと会議のコンセプトが、年齢、経験、教科の枠を超えた組織の活性化につながり、参加した教員の発信から、教職員の同僚性が向上するなど、人材育成での機能をもたらす結果となった。

戸高研（とこうけん）	正式名称 「戸塚高校の将来を研究・検討する委員会」 教育課程を中心に戸塚高校の将来を考える委員会。 各年代が互いに刺激を受け、成長する雰囲気を持っている。

2 「戸高研」の役割 ──同僚性を構築し具体的な取り組みへ

(1) 発足の経緯と位置付け

平成17年3月15日の職員会議で、教育課程委員会より現行の単位制の教育課程を編成する際の状況と現状との間に開きがあると感じているといった内容の意見が多く寄せられ、「各教科・総合的な学習・ホームルーム・学校行事等について、本校の現状を見据え、将来的な展望を持って見直していく委員会を設置する」組織として、「戸高研」はスタートした。

当初、各教科からの委員の選出を目指したが全教科が集まらず、結果として委員の選出母体は特に限定せず、任意の立候補による委員構成として始動した。10名程度のスタートであったが、教職員間の風通しに変化があり、同僚性の構築に大きな足跡を残した。

(2) 活動のあゆみ

平成17年度に始まった「戸高研」は、新教育課程の構築に当たって、戸塚高校が抱えている課題の洗い出しからスタートし、より具体的な取り組みの検討へと進展している。

平成17年度（7名＋管理職）
- 短期・中期・長期の課題の洗い出し
- 総合的な学習のプロジェクトの発足
- 3年次SHR（ショート・ホーム・ルーム）の在り方についての提案
- 教育目標・指導の重点・目指す生徒像の検討と提案

平成18年度（8名＋管理職）
- 進路に重点をおく方向性の提言
- 単位制および2学期制の問題点の整理
- マニフェストの具現化に向けての検討

平成19年度（11名＋管理職）
- 単位制のシステム構築時点の基本方針を変換
- 国数英を主体とする基礎学力の増進を目指す
- 大学進学を今まで以上に手厚くサポートできる体制をつくる
- マニフェストの具現化に向けて分掌主任と意見交換

平成20年度（13名＋管理職）
- 新教育課程の構想や理念に役立てるために現行の教育課程について、単位制と2学期制の検証を実施
- 組織検討委員会の必要性を検討し設立の提案を行う

平成21年度（13名＋管理職・異校種異動の教員の初参加）
- 新教育課程の構築のため、横浜版学習指導要領に基づく教育目標・目指す生徒像・学校像などの再検討、見直しを行う
- 教科目標の策定・見直しを提言（教育課程委員会より各教科へ要請）
- 定期テストの回数と位置の検討（教務、行事検討委員会より要請）

● 「戸高研」の概要（平成22年度）

構成メンバー：	初任者2名　10年目まで3名　20年目まで1名　30年目まで5名　30年以上2名　主幹教諭2名　校長・副校長
会　　場：	小会議室
内　　容：	新教育課程のコンセプトについて　高大接続システムの推進　中期学校経営方針について
頻　　度：	月1回程度　15:40～
特　　徴：	とび入り参加可（誰でも気軽に参加できるように）　全職員に報告（図表2-2）

● 既存の組織を生かした「戸高研」

> **発足時から現在までの様子**
>
> 唯一、当時からの
> メンバーの現委員長
> K教諭の声
>
> 　振り返ってみれば、戸高研が立ち上がってからの2年間は、単位制が開始されてから卒業生を送り出していない時期だったので、提案に対して、「検証も済んでいないのに教育課程に触れるのはどうか」「新しいことを立ち上げようとするのはどうか」といった風当たりも強く、それだけ白熱した議論も多くあったと記憶しています。
> 　会議は設置当初からフリートークの形で熱い意見が飛び交い、時間を忘れることもたびたびでした。回数は1カ月に1回に減りましたが、熱い議論は変わらず、経験年数にかかわらず自分の考えを自由に言える雰囲気もしっかりと確保されています。その大きな理由は、委員が選出母体を持たず任意で集まり、教科や分掌の利益代表ではない立場で意見が言える点にあると考えます。
> 　当初7、8人だった委員も徐々に増えて15名（管理職を除く）ほどに膨らみ、初任や転任者から分掌主任・学年主任まで幅広いメンバー構成となっています。特に20代、30代の若い教員が3割強を占め、積極的に参加しているのは頼もしい限りですし、この年代層にとって、将来構想や教育課程に対して自分の考えを自由にかつ責任を持って表現していくことで揉まれ、人の考えを咀嚼することで尺度が広がることは、資質と意欲の向上に必ずプラスの材料となるでしょう。

> **参加者の声**
>
> 初任者
> Y先生の声
>
> 　戸塚高校に着任して間もなく、「戸高研に参加すれば、学校の様子（何を目指しているのか）が手に取るようにわかるよ」、そんな先輩の一言で入りました。市立高校として、地域の学校として、今後どのようなことが必要なのかを考える機会になっています。
> 　教科準備室での会話や、職員会議に出ているだけでは情報不足でわからない部分を得ることができます。また職員会議では発言しにくいこと、尋ねにくいことを自由に述べることができるので、モチベーションの向上につながっています。

3　平成22年度の具体的な取り組み ——共有化を目指して

　平成22年度の戸高研は、次の内容を柱としてメンバーが自由闊達に意見を述べ合い、学校としての最適解を提示できるよう取り組んできた。これらは全職員に課題提起され、組織で共有できるようにしている。

内容の柱

❶ 新教育課程の検討

　基礎学力の充実、選択システム・学習集団の検討、授業時間数の確保

❷ 高大接続システムの推進

　目的指向型の教育課程、高大連携、PSP（プレ・スチューデント・プログラム）開発

❸ 中期学校経営方針の作成に向けて
「戸塚力向上」ワークショップの開催

4 既存の組織を活用 ——効果的な人材育成

　業務の煩雑さに追われ、学校は常に優先的課題の解決に翻弄されている。教職員個々の生活にも多様化が見られ、勤務後に多くの同僚と共に過ごす時間さえままならない現実がある。だからこそ、教職員が意識を持って、将来を語り、将来を共有することが、強く求められている。

　経験の浅い教職員は日常のやりとりから学ぶ姿勢が、先輩の教職員は普段の会話に後輩を育てる意識がうかがえる。日々の教科準備室では、同じ教科の教員が集い、教材研究のみならず、さまざまな相談事が交わされる人材育成の場である。また、進路主任からの進路指導に関わる講話では、一言一句逃すことなく聞こうとする真剣な姿が見られる。

　既存の組織である「戸高研」は、自由な発言の場としての雰囲気が醸し出され、互いに相手を認め合い、初任者、2年目、3年目の経験の浅い教職員の意見にも、耳を傾ける姿が見られる。参加が自由な「戸高研」だからこそ、時間の共有感覚が芽生え、どんな意見にも傾聴する姿がある。時には議論を戦わせる場面もあるが……。人材育成を目的にした組織ではないが、結果的には、各年代の教職員が組織の一員としての自覚を持つことができた。経験の浅い教職員は、先輩教職員の真剣な議論や、夢にあふれた学校の展望を語る様子から、大いに刺激を受け、何かを感じている。先輩に憧れる初任者育成の原点がここにあった。

5 見えてきたこと ——正の連鎖の積み重ね

　人材育成には、❶「責任ある仕事を任せる。適時報告させ、フォローする」、そして❷「達成感、満足感を持たせる」ことが大切である。これが❸「自信、力の発揮へ」とつながる。既存の組織で、一つ一つの業務をすすめるときに、この正の連鎖を積み重ね、「学び合う」「認め合う」「互いに評価し合う」という真の同僚性の構築を目指して組織運営に当たることが、人材育成を推進する上でキーポイントになる。経験の浅い教職員が日々のOJTによって鍛えられる様子を、「戸高研」が明確に示している。

職員会議資料　報告事項-3

戸 高 研 報 告

【1】今年度の課題と取り組みの確認

(1)マニフェスト関連（遂行の方策と見直し）《中期》
　○今年度版マニフェストについて…どの項目を戸塚の目玉とするか
　○年間計画をマニフェストに沿ったものにする…提言 → 新たな取り組み計画の公開 → 実施 →（検証）

(2)新教育課程の策定《中期》
　○理念キーワード：現行の課題・学習指導要領の指針・基礎学力向上・進学
　○教育効果向上への取り組み
　○組織を現教育課程委員会 →「組織検討委員会」へ意向を伝える
　○現行教育課程と選択科目の課題

(3)2学期制および単位制の検証と再検討《中期》＝学校研究主題
　○テストの回数および位置 → 教務部
　○選択のシステムの見直し → 選択の時期は一本化された自由選択vs群選択
　○3学期制の引き戻し

(4)各種行事の再編検討《中期・長期》…行事検討委員会と連携

(5)その他　Ⅰ　新入試システムの検証《短期・中期》　Ⅱ　教科目標の策定《短期》

【2】情報・話題

市高校教育課程研究委員会(5/14)報告
　・総則委員会より　・各教科より

【3】第2回議題

(1)選択システムの見直し
　・時期の一本化は順次始まり08期から完全実施となる
　・現状と将来を見据えて「自由選択制と群選択制」を考える
　群選択制では教員が方向付けを行うようになり、従来の生徒が主体性を持って自主的に選択する形は維持できなくなる。単にシステムの変更だけではなく、コンセプトに違いが生じるので十分な論議が必要である。
　→【確認】H22入学生に対しては群選択制の変更は行わない「自由選択制と群選択制」の検討は引き続き行う

(2)マニフェスト
　・今年度版より、どの項目を戸塚の目玉とするか明確にしたい → 校長からアンケートが実施された
　①投票結果　②マニフェストに対する意見・要望
　③マニフェスト遂行計画　アンケート結果を判断材料の1つとしたい（アンケートの総数を増やしたいので全体に呼びかける）

図表2-2：戸高研報告

事例紹介

7. 学部を超えた人材育成
若手・中堅・ベテランが語り合う「虎の間グッチーズ」

◎横浜市立盲特別支援学校

> **DATA**
> 横浜市立盲特別支援学校
> 住　所：横浜市神奈川区松見町1-26
> 職員数：78名
> 児童数：111名
> 学級数：34学級
>
> 明治21年創立の横浜市立盲特別支援学校は100年以上の歴史を持つ、日本で3番目に古い盲学校である。目が見えにくかったり、見えないために専門的な指導を必要とする幼児・児童・生徒に対し、幼児教育・義務教育・高等学校普通教育および職業教育(あん摩マッサージ指圧、はり、きゅう)を行っている。

1　盲特別支援学校の教育

　横浜市立盲特別支援学校(以下、盲学校)は、100年以上の歴史を持つ盲学校である。幼児・児童・生徒は、横浜市内はもとより県内の川崎市、横須賀市、さらには東京からも通学しており、幼児教育・義務教育・高等学校普通教育および職業教育を行っている。
　取材に訪れた日は、ちょうど教育委員会の初任者研修「特別支援学校1日体験」が実施されており、研修の合間をぬって田辺校長、露﨑主幹教諭にお話をうかがった。

沿革

明治21年　眼科医浅水十明、盲人を集め西洋医学の講義を開始
　　25年　横浜市に移管、横浜市立盲学校として発足(小・中学部、高等部設置)
　　29年　あんま師、はり師、きゅう師養成学校(専攻科2年)として文部大臣認定
　　44年　幼稚部4・5歳児学級認可(同56年　3歳児学級認可)
　　48年　高等部本科普通科・保健理療科、専攻科理療科の設置
平成 2年　高等部専攻科保健理療科の設置(本科保健理療科の廃止)
　　　　　新校舎落成、創立100周年・市移管40周年記念式

課程

部	修業年限	部・科	修業年限
幼稚部	3〜5年	高等部普通科	3年
小学部	6年	高等部専攻科 保健理療科	3年
中学部	3年	高等部専攻科 理療科	3年

【幼稚園・小学校・中学校・高等学校（普通科）の教育内容】

　幼稚園・小学校・中学校・高等学校（普通科）に準じた教育を行うとともに、障害を理解し、自立するための指導（自立活動）を行っている。また、視覚障害以外の障害を併せ有する幼児・児童・生徒に対しても、能力・特性に応じた指導をしている。

○幼稚部の教育相談（週1〜月2回程度）
　0〜2歳：目の不自由な乳幼児と保護者への早期教育相談および指導
　3〜5歳：目の不自由な幼児の就学に向けての教育相談および指導

【高等部専攻科の教育内容】

　大学の入学資格を有する視覚障害の方が、理療・保健理療に関する知識・技能を修得する。保健理療科はあん摩マッサージ指圧師の国家試験受験資格を、理療科はあん摩マッサージ指圧師、はり師、きゅう師の国家試験受験資格を得る学科である。

2 メンターチームの始まりは3年目教員の思いから

　盲学校のメンターチームは、3年目の欠畑先生の「専門の先生からもっと学びたい」という声に応える形で始まった。盲学校では指導に高度な知識と専門性を必要とするため、もともと新しく着任した教職員には、初日から「新転任オリエンテーション」が行われ、歩行訓練、弱視、点字について延べ30時間以上におよぶ専門的な研修が行われている。

　しかし、「新転任オリエンテーション」で身に付けた知識や技術を実際の指導場面や授業の中で、児童生徒一人一人に合った形で生かしていくことは簡単なことではない。

　そこで欠畑先生は、オリエンテーションの講師を務める

初任研で点字図書について語る露﨑教諭

ベテランの教員に、もっと気軽に疑問や悩みに答えてもらえる場をつくってほしいと提案した。折しも、校長、副校長、主幹教諭がメンターチームの必要性を感じ、設置について考えていた時期と重なった。「やってみよう！」ということになり、推進主幹会のメンバーである主幹教諭の露﨑先生、太幡先生を中心にメンターチームを立ち上げた。

メンターチームの協議

当時の様子について田辺校長は、「経験の浅い先生のニーズと、管理職や主幹教諭の必要感がぴったり合ったところで自然に始まった感じです」と振り返る。

盲学校のメンターチームのねらいは、「すべてが初めての新採用教員や経験の少ない教職員のために、授業力の向上と親和的な人間関係をつくるための場の提供」にある。「ベテランから学びたい」という経験の浅い教職員の願いに沿ったものである。実際に「虎の間グッチーズ」の活動も、授業研究を通して授業力を向上させる内容になっている。

● 「虎の間グッチーズ」の概要

```
構成メンバー： 初任者1名 2年目1名 3年目3名
指 導 者： 5年目 10年目 20年目教員 研究企画部の教員
助 言 者： 推進主幹会 管理職
内 容： 指導などに関する悩みや疑問の解消、参加者のニーズに合わせて専門性を高める研修、授業
 力を高める研修、情報交換と親睦などを行う。
特 徴： 指導者、助言者として、中堅教員、ベテラン教員が参加することにより、各層の指導力の向
 上を図っている。
```

「虎の間グッチーズ」
"虎の間"と呼ばれる部屋で愚痴をこぼし合える関係性をつくる意味。

○推進主幹会

特別委員会である学校推進委員会が組織の改編の業務を行った。その後、主幹教諭の制度が発足したため、名称を変えて存続させた。

メンバー：主幹教諭全員と校長、副校長を加えた7名

主な業務：❶ 教務を補佐し、校内組織の見直しに取り組む。

❷ 学校評価の在り方を探る。

❸ 専門性の維持・継承に向け、その方法を検討する。

3 "技"を受け継ぐ「新転任オリエンテーション」

　盲学校では、着任初日から図表2-3のような「新転任オリエンテーション講座」が実施され、専門的な知識や技能が先輩教員から伝えられる。新転任者はその技を受け継ぎ、自信を持って教育活動を行うことができるようになっていく。盲学校ならではのOJTである。

新転任オリエンテーション講座

内容	新転任オリエンテーション講座	実施予定	時間
点字	点字①「用具の使用法・点字表記の基礎」	4/7(水)	60分
	点字②「文章の表記、記号・外国語の表記」	4/23(金)	60分
	点字③「分かち書きⅠ」	5/7(金)	50分
	点字④「分かち書きⅡ」	6/2(水)	50分
弱視	弱視①「弱視教育の導入・疑似体験」	4/9(金)	60分
	弱視②「弱視補助具と日常生活用具の使用法」	4/28(水)	60分
	弱視③「拡大写本・拡大教材作成法」	9/22(水)	50分
歩行	歩行①「手引き歩行の基礎Ⅰ」	4/1(木)	90分
	歩行②「手引き歩行の基礎Ⅱ」	4/14(水)	90分
	歩行③「手引き歩行の応用Ⅰ」	4/21(水)	90分
	歩行④「手引き歩行の応用Ⅱ」	5/12(水)	90分
情報	情報①「点字ソフト・点字プリンタの扱いⅠ」	4/16(金)	60分
	情報②「点字ソフト・点字プリンタの扱いⅡ」	6/16(水)	50分
保健	保健研修①「幼児・児童・生徒の健康状態・視覚管理」	5/19(水)	50分
	保健研修②「眼科疾患について」(校医)	9/16(木)	50分
重複	重複「PT・OT研および部内ケーススタディ」	4/30(金)	50分
進路	「盲特別支援学校の進路について」	9/29(水)	50分
生活技術	生活技術「家庭科室の利用および生活便利グッズ」	6/4(金)	50分
副校長	防災設備研修	6/9(水)	50分

図表2-3：新転任オリエンテーション講座の例

4 メンターチームを通した人材育成と組織の活性化

　盲学校のメンターチームは、新採用教員をはじめとする経験の浅い教職員の育成がねらいであるが、同時に中堅層の教員が指導者としての役割を担うことで、メンターとしての力量の向上を図ることも目指している。さらに、推進主幹会のメンバーである主幹教諭を中心としたベテラン教員が、チームを支えるための支援、アドバイスを行うことでマネジメントを学び、学校組織全体の活性化を図る目的もある。
　一石二鳥ならぬ「一石三鳥」を目指した人材育成の方法は、大勢の教職員が毎年のように入れ替わる大規模校ならではの特色ある取り組みといえる。

体験談を話すことも
3年目教員の大切な役割

初任・転任若年層教員
・新転任オリエンテーションによる基礎的知識技術の獲得
・授業力の向上
・人間関係の構築
・メンティとしての心構え

講師を務める
ベテラン教員

中堅教員
・後輩を指導するリーダーシップ
・専門性の向上
・メンターとしての力量アップ

ベテラン教員
・経験やノウハウを伝える
・中堅教員を支える
・専門性の維持・継承・学校全体を見通せる力量

　メンターチームが本格的にスタートしたのは、平成22年度になってからだが、こうした取り組みを通して、職場内のコミュニケーションが活性化し、経験の浅い教員と中堅層・ベテラン層の教員との会話が増えていったという。

メンターチームの協議には、校長、副校長も参加。

5　大規模校の組織マネジメントとメンターチーム

　盲学校は、教職員数100名あまりという大規模校である。しかも、幼稚部、小学部、中学部、高等部普通科・専攻科に至るまで、さまざまな課程を併せ持つ全国でも数少ない学校の1つだ。そのため、「同じ校舎内に幼稚園から高校まである学校」の組織をマネジメントしていくことは、小学校や中学校とは異なった難しさもあるようだ。

　こうした学校におけるマネジメントの在り方を、田辺校長は次のように語る。

　「管理職と教職員の相互理解を図り、信頼関係を築いていくことが何よりも大切です。方針を変える場合もゆっくり確実な方針転換を目指します。大きな船は急に舵を切っても動きません」

　また、教職員の意欲や意識の醸成については、「全国の盲学校の中でも3番目に長い歴史がある本校に勤務していることに誇りを持ち、高い専門性を身に付け、自信を持って指導に当たってほしいです」と語る。

　さらに、チーム力を高めるために「学部間の意思疎通を大切にし、学部を超えた指導、協力、授業公開による指導内容の相互理解等が不可欠です。何より、子ども一人一人のライフステージをとらえる視点が必要です」と力説した。

　メンターチームには、管理職、主幹教諭をはじめとするベテラン教員、若手教員をはじめとする経験の浅い教員を縦糸で結び、学部間の教員同士を横糸で結んで、職場全体の信頼関係を構築し、相互理解を図る効果も期待されている。

　メンターチームを組織活性化の中核に位置付けて、意図的に活用していこうとする盲学校の取り組みは、組織マネジメントの側面からも学ぶ点が多いように感じられた。

事例紹介

8. 「聞ける、わかる、生かせる」学び合い
課題を共有してたくさんまなぶ「さんまの会」

◎横浜市立上矢部小学校

DATA

横浜市立上矢部小学校
住　所：横浜市戸塚区
　　　　上矢部町1463-4
職員数：35名
児童数：738名
学級数：23学級

昭和57年、岡津小学校より分離独立し開校。JR・地下鉄の戸塚駅より北へ約2.5km、緩やかなアップダウンのある住宅街の中にある。敷地の西側は泉区に面し、北側には阿久和川が流れ、沿うように瀬谷柏尾道路が通っている。学校目標「大地に根をはり、共に伸びよう、天までとどけ」の具現化を目指し、教職員全員で取り組んでいる。

1 「さんまの会」の上矢部小学校へ

　柔らかい秋の日差しが傾きかけたある日、私たち教育委員会スタッフは上矢部小学校を取材するため、期待に胸を膨らませて戸塚駅に降り立った。その日はメンターチーム「さんまの会」の活動日ということで、校長から事前に連絡を受けていたからだ。

　「さんまの会」の立ち上げは、平成19年度だと聞く。当時の横浜市教育センター研究研修指導課が、経験の浅い教職員の育成を目指して、メンターチームの必要性を打ち出した翌年に当たる。その後、「さんまの会」のユニークな取り組みは、20年9月に教育センター主催の「人材育成フォーラム」において全市に発信された。その翌年には、NHK「週刊こどもニュース」でも

● 「さんまの会」の概要

構成メンバー：初任者2人　2年目2人　3年目2人　4年目2人　1年目1人　7年目1人　主幹教諭
会　　　場：特別教室など、内容に合った場所
内　　　容：学級経営に関すること　教科の実技研修　など
頻　　　度：月1回程度
特　　　徴：構成メンバーが自分たちで計画を立て、講師を決めて研修している。
　　　　　　コーディネーターとして主幹教諭が関わっている。

● 課題を共有してたくさんまなぶ「さんまの会」

「さんまの会」の取り組みが紹介された。年を重ねるごとに発展、充実し、横浜市の市立学校におけるメンターチームの在り方を示す1つのモデルを確立してきたと言っても過言ではない。

そんな「さんまの会」についてお話をうかがうため、私たちはさっそく校長室を訪ねた。

2 「さんまの会」立ち上げから現在まで ── 校長の声

　校長が上矢部小学校に着任したのは、平成18年4月のことである。着任後、学校の様子を見てきた中で、感じたことや考えたことが2つあったと言う。

　1つ目は、教職員の年齢構成のことであった。当時は20代や50代が大半を占める中、学校経営を中心的存在として支えてきた50代の職員が、数年後には相次いで定年を迎えると同時に、中堅の教職員をいかに育てるかということにも不安を感じていた。

　2つ目は、これに伴って今後は若手教員が増加する中で、若手教員の人材育成を図って、若手や中堅層の教員をいかに学校経営の中心に据えてすすめていくかという課題であった。このようにして、上矢部小学校の若手教員の人材育成システムが立ち上げられていったのである。

　そして、平成19年4月、初任者から経験10年未満の教員を対象とした「さんまの会」がスタートした。「さんま」とは「たくさんまなぼう」からつけられたネーミングだそうである。

　まずは、子どもたちも大好きな教科で、校長自身も得意とする体育科を取り上げて、指導法や指導上の留意点などについて指導が行われた。また、当時の研究研修指導課の指導主事を講師に招いて、体育の実技研修や段階的指導、単元の取り扱いなどについても指導を受けてきた。もちろん、体育科に限らず、この年は各教科全般においての研修や外部機関から講師を招き、授業の中で「すぐに役立つ」ことを中心に研修をすすめていった。

　3年目となる平成20年度は、5年目、10年目の教員による授業研究をメインとして研修がすすめられた。授業後の研究会では、コーディネーターやベテラン教員から本時の展開や子どもたちの反応、板書、発問などについて細かい指導を受け、日々の授業に生かされていった。

　平成21年度は授業研究や課題研修の他に、新たにPTA役員との懇親会を企画し、本音を語り合う中から、保護者の意見や要望等を聞き入れて、日々の生活に反映させていった。

　そして平成22年度は、「学級経営の充実を図るには……」を中心に据えて研修がすすめられることとなった。子どもたちとのコミュニケーションの図り方、教室環境の整備、懇談会の持ち方、配慮や支援の必要な子どもたちへの対応など、日ごろの課題について重点的に研修が行われた。

　最後に校長は、学ぶ姿勢を大切にして、これからもさまざまなことを「たくさんまなぼう」「たくさんまなんでほしい」と話された。

3 「すぐに生かせる」さんまの会の活動 ——メンバーの声

　校長のお話をうかがった後、いよいよ「さんまの会」の活動を見学させていただいた。主幹教諭のD先生が、私たちを活動場所の視聴覚室まで案内してくださった。D先生は、「さんまの会」を中心となって企画・調整し、運営していく役割を担っている。取材当日は、「横浜プログラムY-Pアセスメントについて」の研修であった。10人のメンバーは、講師のE主幹教諭を囲むように座り、児童支援専任でもある先生がスライドを使って解説する講義を真剣なまなざしで聞いていた。その後、メンバーの1人が、自分の学級で行ったアセスメントのデータを基に実践を紹介し、学び合いが始まった。ひとしきり活発な意見交換をした後、会のリーダーが今日の「さんまの会」の活動のまとめを行って終了になった。

　私たちは以前から、「さんまの会」がどんな会なのか、会のメンバーはどんなことを感じながら参加しているのかを詳しく知りたいと考えていた。そんな私たちの思いに応えて、多忙の中、4年目で会のリーダー役であるA先生、2年目のB先生、初任者のC先生の3人がインタビューに協力してくださった。

インタビュー

——「さんまの会」について、皆さんからいろいろ教えていただきたいと思います。まず、「さんまの会」の構成メンバーと会の持ち方、内容について教えてください。

A先生　メンバーは経験10年未満です。初任が2人、2年目・3年目・4年目がそれぞれ2人、5年目・7年目がそれぞれ1人で合計10人です。メンバーではなくても、研修に参加したい先生方を募っています。体育で声をかけたときは、ベテランの先生方も来てくださいました。メンバーを超えて楽しくやっています。

——メンバーをまとめているのは誰ですか？

A先生　私です。4年目になります。コーディネーターのD先生と一緒に。

●課題を共有してたくさんまなぶ「さんまの会」

——どのように会を行っていますか？

A先生 始まった当初の平成19年度は、校長先生から「やろう！」と言われて始まりました。その年は外部の方や、いろいろな講師の先生方を招いて行いましたが、最後の反省会で「月1回のペースではテストの採点もあるし、教材研究もあるし、ちょっと厳しい」ということで、内容を厳選して行うことになりました。そのため20年度からは、月に1回「程度」のペースを目指し、自分たちで計画を立て、また自分たちで講師を決めてお願いするようになりました。

——今日の内容も、皆さんで話し合って決めたわけですか？

A先生 年度始めに集まったとき、日程を決めます。初任者もいるので、そこで出されるのは、理科室・図工室の使い方など、「すぐにでも生かせる」「知らないと授業で困る」というような研修内容です。今回も、E先生には図工で講義をお願いしました。でもE先生が、「図工は去年やっているし、今回はY-Pアセスメント（「子どもの社会的スキル横浜プログラム」p.62）をやろう」と提案してくれました。今日は取材が入ったので少し硬かったですが（笑）。本当は和気あいあいと、もっと砕けた感じの会です。

——C先生は着任して半年が過ぎましたが、さんまの会で役に立った内容は何ですか？

C先生 体育指導では、整列の仕方や集合の仕方、準備運動の仕方などを研修しました。その後の授業で、学んだことがすぐ使えたので、すごくよかったです。普段、子どもたちの前で授業をしているので、他の先生がどのように授業をすすめているのか見に行くことはできません。教育実習をしたといっても、1年以上も前の話になってしまいます。子どもたちを整列させようと思っても、どのように声かけをしていいのかわからなかったので、細かい技術的なところまで教えていただいたことが一番役に立ちました。

——その他はどうですか？

C先生 視聴覚研修です。私はすごく機械が苦手です。学校は機材がいろいろありますよね。そういうのを見ただけで、私は嫌だなと思ってしまいます。大きな液晶テレビをつけることさえも嫌だなと。だからといって、使うたびに視聴覚の担当の先生に聞くわけにはいかないし、どうしようかと思っていました。視聴覚の研修を開いていただいて、意外と使えるものだとわかり、気持ちが楽になりました。

──どういう内容の研修でしたか？

A先生 ええと、それは……。

B先生 その研修を担当したのは私です……。

──B先生が講師を？　先生は何年目になりますか？

B先生 2年目になります。視聴覚研修では、新しく配当されたものをみんなが使えるように計画しました。まずはパソコンを大画面のテレビにつなげて、プロジェクターを使わないで授業を行う。それから実物投影機も新しく入ってきたので、テレビにつなぐと授業でこう使えますというように、いくつか例を出しました。

──詳しいですか？

A先生 詳しいです。視聴覚といえばB先生！

──視聴覚はB先生の得意分野だというのをメンバーみんなが知っている。そして、「さんまの会」の講師を担当する。そういう雰囲気はいいですね。そういう先生は他にもいらっしゃいますか？

A先生 体育といえばF先生、理科といえばG先生。

B先生 2人とも「さんま」のメンバーではないけれど……。でも、ざっくばらんに話はできるかな。

──メンバーではなくても話がしやすい？「さんまの会」でつながっている先生ですか？

A先生 「さんま」で集まって研修をしていくことで仲良くなると、わからないことを聞いてみようかなと思えます。「さんま」で一緒の先生には聞きやすい。私が初任のころ、指導教員がお帰りになった後にわからないことが出てきて困っていたときに、「さんま」の先輩の先生に聞きました。コピーの拡大はどうやるのか聞くときも、「さんま」の先輩だったら「すいません、教えてください」と言いやすい。だから今、言いやすい雰囲気はつくっているつもりですけど。言いやすいですよね!?

（ C先生 もちろん！　 B先生 言わされてる！〈笑〉）

──いい話を聞かせてもらいました。「さんまの会」のよい点はどういうところですか？

B先生 仲間。同じ立場なので、自分の困っていることを素直に話しやすいというのが一番当たっているかな。経験のある先生に助けてもらうことが、多分一番手っ取り早い方法で確実だとは思いますが、自分がすごく困っていて、すぐに誰かに話したいときもある。そういうときに、すごく頼りになってくれる。話を聞いてくれるし、「私もそういうことがあったよ。そういうときにはこうしたよ」とアドバイスがもらえて、共感してもらえる。そういう

ところがいいところです。

——A先生はどうですか？

A先生　私もB先生と同感です。アドバイスをもらいたいというよりは、ただ言いたい。「ちょっとこういうことがあるから聞いてほしい」ときや、「話してすっきりしたいな」というときに、聞いてもらったり、話したりすると「ちょっと失敗しちゃったけど、まあ次、頑張ればいいかな」というように、気持ちを切り替えられる。それと、C先生も言っていましたが、初任のときは、本当にわからない。やってみて初めてわかる。健康診断のときには健康手帳を持っていかないといけないとか……。「さんま」は、聞いたことがすぐ使える。それ、明日やろうとか、そのカード使えるから明日つくろうとか、たった今、自分が本当に切実に悩んでいることが解決される。「明日9時から生かせます!」というように……。帰りの会のすすめ方だとか、掲示物の貼り方とか、本当にささいな、だけどわからないことが、すぐに聞けて、わかって、生かせる。それが「さんまの会」のいいところだと思います。

——一番切実なところで、C先生はどうですか？

C先生　そうですね。B先生も言われていましたが、「よくわからない」ということが聞きづらかったり、皆さんもちろんお忙しいので後で聞けばいいかなと思ったとき、「さんま」のメンバーの方が近くにいるとぱっと聞けたり、ちょっと不安なことがあっても、「それ去年、私もそうだったよ」とか「私もついこの前経験したよ」とか、そういう話をしてくれて、すごく安心しました。心強いなあって。

——「さんまの会」の在り方を未来志向で考えたときに、どのような会がいいでしょうか。そんなイメージは浮かびますか？

A先生　今、「さんまの会」を開く時間の確保が難しくなっています。そういう中で昨日も今日も研修があり、多分「さんま」のメンバーの中には負担に思っている先生もいるのかなと思います。負担になってしまったら本末転倒なので、負担にならない程度ですぐに生かせること。それから、悩みを共有できる場になって、かつ、ベテランの人、今日はE先生に入っていただきましたが、ベテランの意見も聞きながらすすめていくことです。

——B先生はどうですか？　これからの「さんまの会」はどのような場がいいですか？

B先生　やはり、常に新しいものを身に付ける場でありたいなと思います。今、10年目までということになっていますが、それ以降もずっと続けて参加できるような場にすることが大事かと思います。今も10年目以上の先生が来て、

一緒に勉強に参加してくださっている。もっともっと間口が広くて、誰でもOKというような、そのくらいアットホームな感じで行えて、もっと気楽に時間を取って行えるのがいいかなと思います。

――初任者として「さんまの会」に期待することはどんなことですか？

C先生 そうですね、まだ半年間しか活動していないですが、この半年を振り返って言えば、このままずっと続けていきたいという思いは強いです。

――もし来年初任者が入ってきたら、「さんまの会」をどのように説明しますか？

C先生 えらそうに言ってもいいですか（笑）。「去年の自分はこんな感じで、心配事だらけだったけど、参加して気持ちが楽になったよ」と言いたいです。スキルアップできると言うとオーバーですが、自分に引っかかっていることが少しでも楽になるというか、取り除かれる感じです。

――他の研修と「さんまの会」を比べると何か違いがありますか？

C先生 例えば初任者研修では、もちろんある程度顔見知りの人と一緒で、楽しい中にも厳しさというか、どちらかというと研修という色が強いかなと思います。さんまだと、本当にわからないことは、すぐ「わからない」といろいろな人に聞くことができ、「こうやってみたらどう？」「それはこうだよ」と教えていただけます。わからないことがすぐに、しかも気軽に聞けるという点では、初任者研修とは性質が違うと思います。

A先生 初任者研修の仲間は、「さんま」の仲間とは少し違いますね。グループワークのときなど、どのタイミングで発言したらよいのかと迷ってしまうことがありました。いつも会っているわけではないですから、当然かもしれませんが。その差は大きいと思います。

――大きな違いがあるわけですね。

C先生 私の考えでは、初任者研修での仲間づくりも大事だとは思います。でも、「さんま」だと、気軽に何でも聞けるし、毎日会っているから仲間意識はもっと強いというのが正直なところです。

――A先生は4年目でリーダーとして後輩たちをまとめて引っ張り、B先生も2年目で講師を担当されていますね。そのような立場から、会についてどのように思いますか？

A先生 引っ張っているという意識はないです。でも、以前いらっしゃった先輩がとてもいい先輩だったので、その先輩が話を聞いてくれるから今日も頑張れると思うこともありました。ですから、そうですね、みんなで仲良くしよう

> | B先生 > 人柄によりますよね。いろいろな先生がいて、例えば、A先生だったら明るい感じでみんなを盛り上げていく。一方で、D先生は物静かですけど、背中でしっかりと教えてくださる。いろいろな先生がいるので、その中でやっているのはすごく居心地がいいと思います。役割や持ち味がそれぞれ違うからこそ、いろいろな人と話ができて居心地がいい。そういう雰囲気はありますね。

4 「さんまの会」で伝えたいこと ——コーディネーターの声

　「さんまの会」のメンバーたちが生き生きと活動していくためには、経験の浅い教職員の育成に対する校長の思いや、会に期待する願いを受け止める一方で、メンバーの話に耳を傾け、時には励まし、支えながら「さんまの会」をより良いものにしていこうと、企画・調整し、実行していく存在が不可欠であろうと、私たちは常々考えていた。そこで、コーディネーターとしてその役割を担うD先生にお話をうかがった。

　D先生は、長い間教務を担当され、現在は初任者研修のコーディネーターとして経験の浅い教職員の育成に携わるベテランの主幹教諭だ。とても控えめで、優しい雰囲気をお持ちの方という第一印象だったが、静かに語られる中に、「さんまの会」に対する情熱や経験の浅い教職員の成長を願う強い思いを感じることができた。

インタビュー

――D先生は、「さんまの会」の立ち上げのときからコーディネーターの役割を担っているということですが、ご自身は若手の教員たちを、「育成」という視点から、どのように見ていますか。

> | D先生 > そうですね、私たちの若いころは、ワインの熟成ではないですけれど、時間をかけて皆さんが育ててくださって、それで成り立ってきた面があります。今、そのような熟成する期間を持つことが社会的に難しいと思うので、少しでも若い方に何か役立つことをお伝えできたらという気持ちでやってい

ます。今の若い人たちの傾向は、すぐに「実」を取りたがると言います。「実」がなるまでには、肥料や水を与えて長い年月をかけていかなければならないのに、楽しい授業、すぐ理解できる授業と結果を欲しがります。しかし、積み重ねが大事だと感じます。さまざまなことを悩みながらも、自分で積み上げていけたらいいのかなと思います。

――すぐに解答を求めたがるわけですね。

> D先生　はい。解答にたどり着くまでの過程が勉強になるわけで、今年役に立たなくても、次の年にまた新しい子どもを受け持ったときなど、さまざまな子どもに対応したときに生きてくるのではないかという気はしていますね。我々の年代にとっては当たり前のことが、今の若い人にとっては知らない、ということもあるようです。そういうところは、しっかりと教えていかなくてはいけないという気がします。

――具体的にはどのようなことでしょうか。

> D先生　例えば、クラスの保護者から、「子どもが学校へ行くのが嫌だと言うので、今日は休ませます」と電話があり、欠席したことがありました。次の日にはその子は登校したのですが、前の日にそういうことがあると、登校したときに「昨日どうしたの？　調子はどう？」と、いろいろ問いかけをすると思うのですが、それができていないことがありました。それから、学年の会の記録の取り方など、そういうものも含めて、本当に細かいことですが、一つ一つ教えていかなくてはいけないと思うことがたびたびあります。

――細かいことを一つ一つ丁寧に教えるわけですね。

> D先生　そうです。実はこれは大事なことですよ、と教えます。そういった子どもへの声かけを日々積み重ねていくと、子どもからも保護者からも信頼されると思います。でも、そういうところを抜きにして、子どもの信頼を得たい、保護者の信頼を得たい、先ほどの「実」ではないですけれど、そこだけ欲しがるようなことがあるような気がします。

――ご自身の思いを若い先生に伝えていく中で、どのようなことを感じていますか。

> D先生　例えば、校内の研究授業のときに、事前に時間をかけて指導案の検討をしたにもかかわらず、当日の指導案は違う授業内容のもので、「あれ、みんなで指導案を検討したのは何だったのかな」ということがありました。授業者

が会のメンバーでしたから、気になって話をしました。多分私は煙たがられているのではないかと思うのですが、そのとき、こちらの思いと受け取る側の思いとで温度差が少しあるような気がしました。事あるごとに「大丈夫？」と声はかけますが、あまり強くは言えないですね。でも、若い方はとっても真面目で一生懸命です。ですから、時としてこちらの思いが空回りすることがあります。

——そのようなとき、空回りをどのように修正されますか。

D先生　例えば、「指導案ができないので指導案検討を延期してください」と言われたとき、「延期だから必ずやるよ、日にちをずらしてもやるからね」と念を押して、そして「これはちゃんと伝えておいてね」と、リーダーにも本人にも必ずやることはやろうときちんと伝えていきます。皆さん本当に熱心にやってくださるので、私も助かっていますし、メンバーも皆よい方で、やる気もあります。ただ、それがうまくかみ合わないときもあります。でも、本当に一生懸命頑張ろうという気持ちはあります。

——「さんまの会」は、メンバー以外の参加もあると聞いていますが、どのような企画でしょうか。

D先生　年間計画外のことですが、今年は夏休みに草木染めの研修をやりました。草木染めの得意な方がいましたので、「みんなでやりませんか。さんまの会プラス参加したい方、どうぞ」とお知らせしました。ほとんどの職員の方が参加してくださいました。年度当初に計画したこと以外は、メンバーをちょっと広げて呼びかけるようにします。講師になってくださる人材を見つけて声をかけ、校長にうかがい、許可を得てから、「ではやりましょう」と皆さんにお声がけします。毎年同じものばかりではつまらないので、今年は何か楽しい企画はないかなと、ちょっと目を光らせています。こんなときは、もう和気あいあいと皆さん一緒になってやってくださいます。

——何か楽しい企画ができないかなと、常に探しているわけですね。

D先生　でも、それが楽しいだけで終わらないで、何か身に付いてくれるといいなと思っています。授業に関係なくてもいいのですが、ちょっとした話題なんかを取り上げても、何か身になってくれたらいいかなと。草木染めは授業にはあまり関係ないことですが、それをきっかけに会話の機会が生まれます。

草木を染めている間に悩み事や子どものことを聞く。いろいろな方とコミュニケーションを取って、何か勉強できることがあればいいかなと思っています。

——これもメンバーからの話ですが、メンバーが得意な分野で講師になるそうですが。

> D先生　それぞれ特技がありますので、それを回ごとに生かしています。視聴覚機材の使い方もそうですが、音楽で、子どもを乗せるためのボディ・パーカッションをやるとき、3年目の音楽の先生に資料を探していただいて、みんなでつくり上げていこうという企画をしました。他に、体育の授業が得意な方には、模擬授業で子どもの役になっていただいて、見る側とやる側になってすすめたりしています。お互い肩肘張らないで、切磋琢磨していこうと。それがまた本人の自信につながり、今後に生きていくのかなと思います。

——メンバーからは、時間の確保が課題という話も出ていましたが。

> D先生　よく、教材研究をする時間がないと言いますが、時間は誰でも足りないので、自分でどこかでつくっていかなければいけないと思います。その機会をつくるために、「さんまの会」でちょっとお手伝いができればいいし、とにかくプラス思考で何でも考えていければいいと思います。そしてお互いに授業を見学し合うことで、自分の気付かなかったところにも気付きますし、それ以外にもフランクに、「あそこは私だったらこうするよ」とか、「ここはよかったね」ということが話し合われて、明日の自分に生かせればいいかなと思います。

——最後に、コーディネーターとして、これからの「さんまの会」がどのような会になったらいいと思いますか。

> D先生　長く教員を続けていくために、将来に向けて身に付けなければならないことはたくさんあると思います。それを若いうちに少しでも身に付けられれば……。事務的なことから授業、子どもや保護者への対応など、そういう将来に役立つものを身に付けることができるように、お役に立てればいいかなと思います。

● 課題を共有してたくさんまなぶ「さんまの会」

5 仲間意識を育てる ——校長の思い

　インタビューに応じるメンバー3人を、終始温かい眼差しで見つめていた校長が、私たちに5冊のノートを見せてくださった。そのノートは、「さんまの会」の活動内容を年度ごとに1冊を使って、びっしりと記録してあるものだった。そして、若手を育成するということについて、校長は次のように語ってくださった。

> **活動への思い**
>
> 「若手を育成する」ことへの校長の思い
>
> 　学校運営に積極的に関わって仕事を覚えるということから、経験の少ない教員にも、校務分掌に責任を持たせるようにしています。会議や打ち合わせの中で、話をしたり、提案したりすることは、大きな自信や自覚を持つことにもつながっていくと思います。これも人材育成の1つだと私は思っています。
>
> 　いつも経験者がリーダーシップをとっていくばかりではなく、これからは、私たちの年代のいわゆる大量退職の時代が来ているわけですから、若い教員には、さまざまな経験を積み、研修、研究にも積極的に参加して、教員としての資質や能力を高めてほしいと、常日ごろ思っています。
>
> 　また、この「さんまの会」は、平成22年度で4年目を迎えましたが、毎回、研修をしてきた記録に必ず目を通し、コメントを書いたり、朝の打ち合わせで全職員に伝えたりしています。そうすることで、若い教員の学ぶ意識が必然と高まってくることも期待しています。また、「さんまの会」を通して、一人一人の仲間意識が高まり、互いに成長していくことにも大きな期待をしているところです。

　「さんまの会」の活動場面の実際とメンバーへのインタビューを通して、メンバー一人一人が生き生きと活躍している様子を目の当たりにすることができた。

　そこには、若い教員の育成に情熱を注ぎ込み、リーダーシップを発揮する校長と、その思いをくみ取り、あらゆる資源を組み合わせてメンバーと関わり、温かい眼差しで見守ることを忘れない、2人のコーディネーターの姿があった。

　取材を終えて校舎の外に出ると、晩秋の日はとっぷりと暮れていた。上矢部の街の空気はひんやりと冷たく、急いで坂を下り、バス停へと向かった。私たちはお互いの心の中に、とても温かい余韻が残っていることを感じながら、バスに乗り込んだ。

column 3

初任2年目・3年目研修の意義

「初任者」はいつまで初任者でいるのだろうか。

法律上、初任者と呼ばれるのは1年間である。しかし、横浜市は新採用後3年間を初任者育成期間と位置付けて育成を図っている。

横浜市の初任2年目・3年目研修の特色は、1年目の初任者研修で得られた多くの知識を、校内におけるOJTを基本に、実践に結びつけていくことにある。

研修への取り組みは、まず校長との面談から始まる。その中で研修者自身が授業力、マネジメント力、連携力などに関する目標を明確にする。そして、その目標を達成するために必要な課題を自ら見い出し、解決していくことを念頭においてすすめていく。具体的には、図表2-4のような流れを自分で計画する。今後、教職員としてどうあるべきか、何を身に付けるべきなのかということを自問自答しながらすすめていくのである。

4月	校長面談
5月頃	第1回研究授業
5月〜7月	授業参観
7月〜9月	校外研修
9月〜2月	第2回研究授業
2月〜3月	校長面談

図表2-4 初任2年目・3年目研修の主な年間の流れ

年度の終了時には、1年間の振り返りをして校長との面談に臨む。そこで、3年目にはどのような力を付けていくべきなのか、あるいは4年目以降、どんな目標を持って取り組むべきなのかといったことを校長と話し合うことで、自身が見通しを持てるようにしている。

このうち、メンターチームが大きく関わるのが、研究授業と授業参観である。研修者は、まず研究授業を行い、他の教職員から助言を受ける機会とする。そして、課題を明確にした後に、メンターチームのメンバーなどの授業を参観する。自分の授業と比較して考えることで、改善点を見い出すきっかけとなる。研究授業の2回目は、自分の課題意識を基に校外研修に参加するなど視野を広げて、さらに改善した授業を試みる。

初任2年目・3年目の教職員がこのような研修に取り組むときに、相談に乗ってもらえるのがメンターチームである。初任2年目・3年目の教職員にとってメンターチームは、日常的に支援を得られるよりどころであると同時に、教え合うことにより、自らも学ぶことができるという側面もある。現在は、毎年多くの教職員が採用されている状況である。このような状況では、時には初任2年目・3年目の教職員も、初任者の支援をする立場となる機会もある。概して、経験年数が近い同僚は、意思の疎通も図りやすい。メンターチームに属してさまざまな役割を柔軟に担うことで、3年間でさらなる成長を見込むことができる。校内のさまざまな立場の教職員がメンターチームに関わることで、参加者の視野が広がり、学校の職員全体の大きな成長につながっていくことだろう。

メンターチームの中では、若手が若手を支援する場面も見られる（上矢部小学校・メンターチーム「さんまの会」）

第3章
教職員の人材育成とは

1. そもそも教職員の人材育成とは
「教師の力が、子どもの力に」

1 子どもの力を高めるために教師の力を高める

　教職員にとって、「人材育成」という言葉は、これまであまり意識されてこなかった。どちらかというと、教職員の使命とも言われる「子どもを育成すること」はあっても、自らが育成の対象となるというイメージは薄かったように思われる。

　また、教職ならではの職責や専門性から、「職人的気質」や「聖職者思考」のもと、教職の「匠」としての技は、自らが時間の積み重ねにより磨いていくもの、または先輩から引き継いでいくもの、同僚性の中で鍛え合っていくものという、教職員としての暗黙知的な成長論があったように思われる。同時に、自己を主体とした「キャリア開発」「キャリアアップ」という言葉も、何となくこそばゆく、照れくさく感じられるのは、そもそも経験の中からこそ、自己の資質能力は高まっていくと考えられていたのではないだろうか。

　ところで、学校経営の推進には、精選された教育課程とそれを円滑に機能させるマネジメント、そして何よりもそこに働く人、すなわち教職員の力量が重要である。「人づくり」という教育の使命を果たすためには、いかに学校が組織としての目標や方略を掲げ、絶えざる実践と評価改善により効果を上げていくかが課題となる。それには、組織の構成メンバーである教職員一人一人の力量向上が不可欠である。しかし、第1章でもふれた通り、学校を取り巻く内外の環境は大きく変化しており、これまでの時間のかけ方や方法のみでは、組織機能の担保や向上につながる人材の育成は難しくなってきている。

　近年、学校経営における組織マネジメントの導入は揺るがないものとなっており、今後は、教職員の人材育成を組織マネジメントの要として位置付けていくことが重要である。

　常に教師としての使命を自覚し、成長し続ける教職員の存在こそが、保護者や市民に信頼される学校づくりのための根幹となっていくことを確認したい。子どもの力を高めるには、教師の力を高めることが最も重要なことである。まさに、「教師の力が、子どもの力に」なのである。

2 教育の最大担保は教職員の人材育成

　図表3-1は、神奈川県における一般会計予算に占める「教育費」の内訳を示したものである。このグラフからは、教育予算の大部分は教職員の人件費であり、ここにも教育に対する「人、すなわち人材」への投資の様子がうかがえる。

　今までも、そしてこれからも、質の高い教育の最大担保は、教職員の人材育成そのものであることを忘れてはならない。

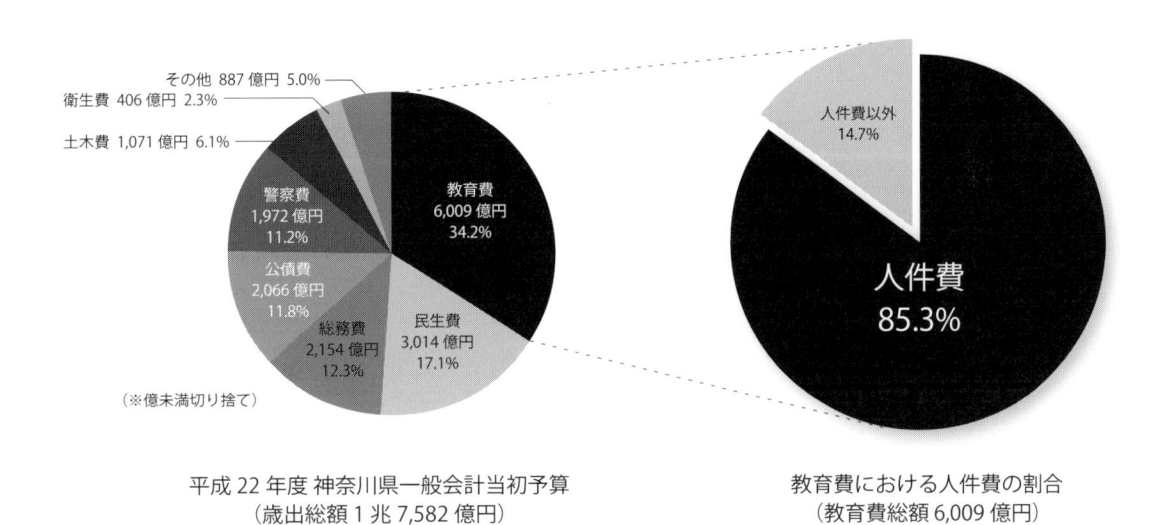

平成22年度 神奈川県一般会計当初予算
（歳出総額1兆7,582億円）

教育費における人件費の割合
（教育費総額6,009億円）

図表3-1 神奈川県における教育予算

2. 教職員の人材育成の目的は
「教師自身のキャリア開発」

　人材育成とは、広く言えば、人材の能力開発や仕事の割り振り、そして人事的な配置や処遇、評価などを通じて、その人材の価値を高めたり、組織貢献への可能性を向上させたりするためのマネジメント機能である。

　教職員においても同様で、人材育成の目的は、教職員一人一人が「情熱」「人間性」「専門性」といった教師力、すなわち教師としての資質能力を向上させていくことにある。そして、個々の集合体である学校組織が全体として機能を向上させ、ひいては学校教育目標の達成につなげていくことである。

> **「教育の成否は教職員」**
>
> 「……とりわけ重要なのは教職員である。教育は、教師と子どもたちとの人格的ふれあいを通じて行われる営みである。人間は教育によってつくられると言われるが、その教育の成否は教職員にかかっていると言っても過言ではない……」
>
> 中央教育審議会答申「新しい時代の義務教育を創造する」(平成17年10月26日)より

　教職員は、採用されたときは確かに人材としての価値はみな一定であるが、その能力を向上させ、情熱や人間性を高め、そして磨き、教職としての専門性を向上させていく中で、新たな人材としての価値を高め、組織貢献への可能性も向上していくことになる。

　つまり、教職員の人材育成には、次のような2つの目標があると言ってよい。

> ① 一人一人の教職員の資質・能力、すなわち「教師力」を高めていくこと。
> ② 教育の使命に応える組織体として、教員一人一人の集合体である「学校組織」の力を高めていくこと。

　また、教職員の側から考えれば、人材育成は自己のキャリア開発そのものであると言ってよい。
　それは、本人がキャリアを通じて成長し、自己の価値、すなわち教職員としての力量を高めていっているということである。これは、個人の視点から見ると、キャリア開発のプロセスそのも

のであり、新しい知識やスキルを獲得したり、指導に関するノウハウを身に付けたり、あらためて指導観、子ども観といった自らの「観」に気付いたりするなど、教職員としての自分の価値を高めていく過程でもあると考えられる。

　人は、成長しようとする意志力があってこそ、自己を磨き続けられるものである。これは教職員も同じで、子どもの前に立つ教職員としての自らの成長への意志力と実践力、すなわち「自己開発」が人材育成の基盤であることは言うまでもない。

　教職という子どもの成長に関わる仕事を選び、「子どものために」という志を持って臨み続ける自己研鑽は重要である。だから、その教職員になる際の原点を大切にし、呼び覚まし、磨き続けることこそが尊いことであると自覚したい。

　さらに、そうした教職員一人一人の集合体である学校組織、職員集団は、経営における重要な基盤（＝プラットフォーム）である。個々のパワーの集合体である組織力を教育効果、成果につなげていきたい。

　人材育成とは、こうした組織に寄与・貢献できる人材を生み出していくことでもある。昨今のさまざまな教育に関する課題を克服し、未来ある子どもたちを守り育て、伸ばす機関としての期待が、教職員の人材育成と学校の組織力向上に寄せられている。

3. 教職員の人材育成 その機会
「OJT、Off-JT」、職場教育で学ぶことが大きい

1 現場での経験が教職員を高める

　昔から、「教員は現場で育つ」と言われてきた。業務の中心は何と言っても子どもたちとの関わりである。特に「授業」はその大部分を占め、教職員は「子どもとの日々のかかわり」「授業の積み重ね」によって自身のキャリアを形成していく。

　「授業力」の向上は、教職員としての安定的なキャリア開発を保障する基盤である。教職員が最も成就感ややりがい、または課題意識や自己の成長への意欲を感じるのは、何と言っても子どもと関わる「授業」である。子どものために「もっとよい授業にしたい」「わかる、楽しい授業を提供したい」「自分の授業力を上げたい」と思うのは、教職員となった者、誰もが持つ願いである。この「授業」を中心とした業務を通じて、教職員は「教職員」となっていく。もちろん、「授業」をマネジメントしていくための教材理解や児童生徒理解、単元の構想や授業展開、そして授業評価も自己開発につながっていく。

　教職員は、自らの授業力向上を目指すべく、校内組織や校外に向けて授業を公開し、事後の協議などの研究研修に取り組むことが多い。実はこの授業研究会は、組織的な取り組みでもあるOJTの重要な機会である。横浜市の「授業力向上に関する調査研究」においても、教職員にとって一番力を付ける機会と考えられているのは「授業研究」であったことからもわかる。つまり、教職員のOJTの核は「授業力向上」に関わる取り組みにあることをここで確認したい。

　このほか教職員にとっては、自らを磨くOJTの機会として実に多くのものがある。児童生徒指導や学級経営、教科経営、部活動指導、校務分掌上の業務など、現場でのさまざまな経験の積み重ねが教職員を高めていく。実際の経験から得たものだからこその達成感、成就感などが自己の「強み」につながっていく。

　例えば、子どものことで悩み、自身の指導力のなさに気付き、本当に子どものためにすべきことは何かとさまざまな試みを行っていく。その過程で、失敗や挫折もあり、周囲や先輩からの助言を受けつつ、自らの取るべき手だてを自力で考えていく。そうすることで、やがては少しずつ解決の糸口が見えてくる。こうした失敗から新たな学びを構築していくことの連続は、その教員に大きな力を付けていくことがある。自らの課題に主体的にチャレンジして得た経験は、それが成功したにしろ、失敗したにしろ、自分の経験値を確実に高めていくことになる。

意図する、意図しないにかかわらず、このような現場での実践的経験が、「教職員の成長過程」ととらえるならば、まさに職場でのOJTは、人材育成の機会として極めて重要である。そして、こうした教育機能を教職員誰もが認知し、自己や相互の、さらには組織全体の力量向上の糧として意識していくことが、今後も求められるところである。

2 OJT、Off-JTによる人材育成の機会

　次に挙げるのは、OJTの機会を利用した人材育成の例である。いずれも、仕事や経験を通した能力開発、訓練・教育であり、こうした職場における教育・能力開発が、人材育成上、極めて大きな割合を占めていることは間違いないことである。

意図的な育成の場面（OJT）の例

- 授業研究会、研究協議会
- 教育課程に関する研究（カリキュラム編成、運営・改善を含む）
- 学年研究会やブロック研究会
- 校内研修会
- 初任者研修や年次研修、メンターチームやOJTによる研修　など

無意図的な育成の場面（OJT）の例

- 授業実践、児童生徒指導をはじめとした子どもとの関わり
- 学級経営、学年経営、保護者との関わり
- 校内での業務分担（各種部会をはじめとした校務分掌など）
- 校内での会議
- PTAや地域との折衝
- 職場でのコミュニケーション
- オフサイト的な集い　　　　など

　また、OJT以外には、職場を離れての教育・訓練、すなわちOff-JTがある。
　いわゆる「研修」が代表的なものであるが、人材が与えられた仕事を行うための十分な能力やスキルを意図的に身に付けていく教育訓練的、自己啓発的な機能を持っている。また、Off-JTには、キャリアの節目ごとに能力開発を行う研修や講座、実務による体験など、職場から離れて自

らのキャリアアップを図るためのものもある。

　横浜市の場合、教育委員会が主催する研修は、「教職員のキャリアステージにおける人材育成指標」（第4章で詳述）のもとで研修体系を構築している。経験や職能に応じた「キャリア開発研修」として、初任者研修や5年次教員研修、10年次教員研修、そして21年目研修、31年目研修などがある。また、管理職に対しては、候補者も含めた「管理職研修」を設定している。この他、「指導者養成研修」のほか、企業派遣研修などの「特別研修」、教科等の専門性の向上を目指す「教科専門研修」を設定しており、教職員自身の自己開発を基盤に、さまざまな必修研修、選択研修を準備し、職場を離れてのOff-JTを充実させている。

　このほかに横浜市では、「教育研究会」組織が充実している。各校種、各教科などの研究会では、専門性の向上と人材育成を目的に、授業研究会や実践研究などによる研修を実施している。「校長会」や「副校長会」などの組織も含め、こうした研究会での自己開発がOff-JTの一部を担っている。また教育委員会でも、こうしたさまざまな機関による研修・育成機能との連携を重視している。

　さらに、教職員自身の自己啓発（Self-Development）では、大学への派遣や研究員としての教育委員会派遣などの支援を行っている。そのほか各学校では、各自の研修を職場や同僚、研究会などがすすんで支援し、職能開発を支えていく風土が生まれている。

4. 人材育成システムとオペレーション
基盤は「目標管理による自己開発」

　人材育成のポイントは、それを機能させるシステムとオペレーションである。
　つまり、「何を」という人材育成の目的の内容と、「いつ」「どのように」といった方法を明らかにしていくことが大切である。

1 「何を」育成していくのか

　これまで教員には、「あのような先生になりたい」という身近な先輩教員の存在があったように思う。つまり「ロールモデル」としての目標的存在が自身のキャリア開発の指標となっていた。しかし、そのあこがれの先輩が持っていた力量（資質・能力）とは、どのようなものだったのか。その力量の内容を可視化、共通化していくために、校内研修や授業研究に取り組んできたものの、時代の変化とともに求められていく「教師像」も変わっていく中で、教員自身のいわゆる「教師力」を分析しながら、それを見つめていくことはあまりなかった。
　また、教員の持つ情熱や人間性、専門性の重要性をとらえつつも、教育センターなどで行う研修では、「教師力」全体を補うパッチワーク的な研修が多く、それぞれの研修の効果や研修と自己開発、研修とOJTがどう結びつき、個々のキャリア形成にどう貢献していくのかという視点は薄かったように思われる。今後は、「研修のための研修」にならないためにも、教員一人一人の能力開発にとって研修がどのように貢献するかという視点で、自己の能力開発と研修を俯瞰し、ストーリー化していく視点がますます重要となってくる。
　こうしたことをふまえ、横浜市では、平成22年2月に「教職員のキャリアステージにおける人材育成指標」（p.116）を策定した。この「人材育成指標」は、教職員が自らの資質・能力を把握し、キャリアアップを図るための目標設定の手がかりとして、また、OJTにおける校内での組織的人材育成の指標として、さらには、教育委員会主催研修のよりどころとして活用していくものになっている。この詳細については第4章で後述するが、その活用モデルは図表3-2となる。

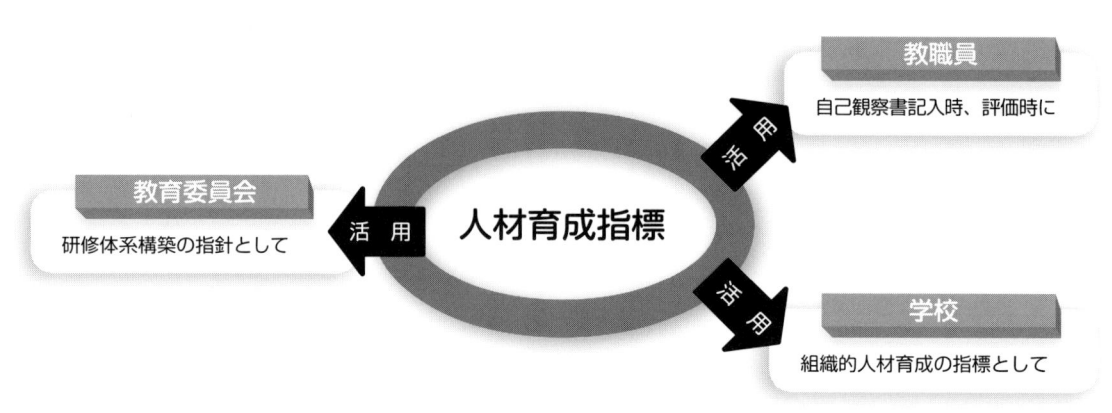

図表3-2「人材育成指標」の活用モデル

2 「いつ」「どのように」育成していくのか

　これまで学校現場や教育行政の世界では、教職員という「人的資源」に関しては、「人事管理」という言葉が示す通り、管理・運営していくという視点が大きかった。しかし、人事配置にしても、人事評価にしても、実はそれ単体で存在するのではない。「配置」は、結果としてその教職員の能力開発につながり、「評価」も人材の活性化や新たな自己開発へのきっかけを生むことにつながる。いずれも究極的には、その教職員自身や組織活性化を目指す「人材育成」を目的としている。

　その意味で「人事管理」は、広く「人材育成システム」の一部であると言ってよい。横浜市では、この「人材育成システム」の概念を図表3-3のようにとらえている。

　人材育成の基盤は、持続成長に向け自身を磨き続けていこうとする自己開発によるところが大きい。つまり、個々の教職員が自己に応じたキャリア形成への展望を持ち、自己目標とその具体的取り組みを明らかにして、「自己開発サイクル」につなげていくことが重要である。

　また、研修履修による能力開発の状況や研修評価は、個々の教職員の強みを生かせるような適材適所への配置や、これからの自己の到達目標の設定へのアドバイスなど、「人事・評価」に有効に活用していくことが肝要である。

　横浜市では、こうした人事と研修の一体化をすすめる中で、教職員の人材開発とその恒常的な育成、組織全体の活性化を図っていくものとしている。なお、中心に位置付く「人材育成指標」の詳細は、第4章で後述する。

自己開発

自己開発サイクル
- 自己目標の設定
- 実践による能力開発
- 自己評価と改善
- 新たなチャレンジと評価

- 職場外の研修 Off-JT
- 職場教育 OJT
- 自己啓発 SD

研修・能力開発
キャリアステージに応じた研修体系

5つのキャリアステージ
- 情熱・人間性等
- 専門性(授業力・連携力・マネジメント力ほか)
- OJT・自己啓発

人事・評価
- 人事評価システム
- 処遇制度
  - 勤勉手当・昇給
- 人事配置
  - 異動・配置(ジョブローテーション)

人材育成指標

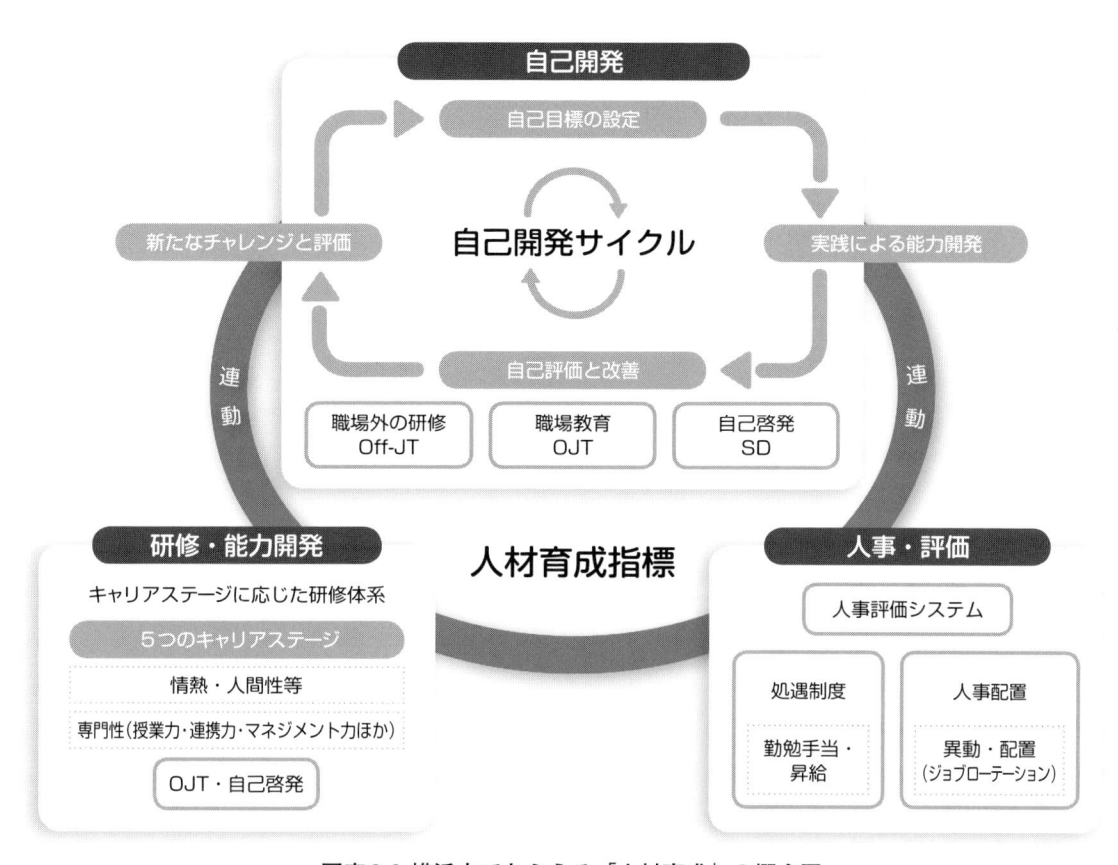

連動

図表3-3 横浜市でとらえる「人材育成」の概念図

5. これからの人材育成で大切にしたいこと
「職場風土の醸成」とよき「同僚性」

1 「職場風土の醸成」の重要性

　現在、学校を取り巻く環境が大きく変わりつつあり、期待される役割も拡大している。教職員の多忙感は、仕事量の多さだけではなく、教育観を変革していかなければならないという時代の要請も影響しているだろう。しかし、既成概念を取り払い、これまでの取り組みを省察して、新たなる価値観を受け入れ、教育実践に結びつけていくということは、大変な力と時間を要する。

　山積する現代の教育に関する課題を解決していくためには、専門的な知識や技術を持つことは言うまでもない。しかし、とりわけ今、求められているのは、教職に対する強い「情熱」と総合的な「人間性」である。

　このような根源的な資質は重要であるが、一朝一夕に身に付くものではない。常に意識して教職員集団の中で育てていかなければならない。また、各自の「情熱」「人間性」を結集させて、職場のよき雰囲気として醸成することが必要である。

　学校が組織として力を発揮することは、現在の教育に関する課題を解決するための近道となる。それでは、どのような職場の風土が強い組織を生み出していくのだろうか。

　まずその学校の教職員誰もが、目標や目的をしっかりと共有していることが大切である。同じ目標に向かおうとすることが、組織の結束力を高めることにつながるだろう。

　さらに、互いが信頼関係を保ち、安心して過ごせる雰囲気が醸成されれば、自分がわからないこと、できないことを素直に言える関係が築かれることだろう。このような関係を育てるには、管理職や主幹教諭が率先して雰囲気づくりを心がける必要がある。

　その効果は、単に教職員の居心地がよくなるということだけではない。信頼関係の強い職員室で育った教職員は、その職員室の雰囲気を模倣して学級経営を行おうとすることで、児童生徒の間にも信頼関係が育つ、温かい雰囲気のクラスづくりもできるようになるだろう。

2 今、よき「同僚性」が求められている

　教職員は、採用時に一定期間、職場を離れて研修を受けているわけではない。初任者研修は常に業務と同時進行である。大抵は、4月に職務に就いた瞬間から児童生徒から一人前の先生として見られ、保護者からもその役割を期待される。このように即戦力となることが求められているため、教職員になったばかりの初任者ほど、その責務の重さに押しつぶされそうになることは、想像に難くない。

　特に年齢がまだ若い学級担任にとっては、しばらくの間は学級で次々起こるこれまで経験したことのないような出来事を、何とか解決しなければならない日々の連続である。指導書の解決方法にも当てはまらず、誰かに聞く時間さえないこともある。それでも学級では「先生」と呼ばれて、重責から逃げ出したくなるようなプレッシャーを感じつつも、児童生徒と向き合い、その時々の場面で最良と思う決断を、短い時間の中で行うことの繰り返しである。

　このように教職員の仕事は、「教育」という目的を前提にして、迅速、かつ適切に多様な人の気持ちを受け止めて、情報を集め、選択しつつ、自分の意思を伝えていくという高度なコミュニケーション能力が要求される。これは、理論を知っているだけではとても実践に結びつくものではない。日々の多くの児童生徒とのやりとりの中で、時には失敗の苦しさを味わいながら、少しずつ身に付けていくものである。

　さて、学校の組織はどうなっているだろうか。上意下達が容易に行われる縦割り組織というよりは、年齢、性別に関係なく、同じ役割を共に担う同僚が多い横並びの形であることが大きな特徴である。多くの同僚と教育という同じ目標に向かって、日ごろから知恵を出し合い、協力し、補完し合うことを通してコミュニケーション能力が自然に育てられている。学校現場では、職場の誰かが問題を抱えると、周囲の人がさりげない支援をすることが当たり前のように行われてきた。このように互いに支え合える教職員集団の同僚性を理解した上で、人材育成を行うことが重要である。名城大学教授の木岡氏(注1)によれば、その集団の構成員が、無関心や馴れ合い関係に終始しているだけでは、よりよい同僚性は築くことはできないとしている。横並びの集団は「誰かがやるだろう」という無責任な状態を生みやすいことが欠点である。これを克服するには、常にメンバーの全員が校内で自分の置かれた立場や役割を明確に意識して互いを理解し合い、目的に向かって前進しようとする意思が必要である。堅い信頼関係のもとで築かれた同僚性は、教育活動全般を安定させ、学校運営を円滑にすすめることに結びつくだろう。さらにその学校のメンターチームの絆も強めるに違いない。

注1：木岡一明「同僚性の見取り図」（横浜市人材育成フォーラム講演「これからの組織的な人材育成のあり方」、2008年）

第4章

教職員が目指す力量を「人材育成指標」で見える化

1. 「教職員が身に付けるべき力量」とは

1 すべての教職員に求められているもの

　近年、「教師としての力量」「教師力」「教師としての資質能力」など、言い方は異なるが、教職員の「力」の向上が求められている。また、第1章でも述べたように、大量採用期の世代が退職期を迎えていることにより、量および質の両面から優れた教師を養成・確保することが課題となっている。文部科学省においても、中央教育審議会「新しい時代の義務教育を創造する（答申）」（平成17年10月26日）で「このような時期こそ、養成段階における教職課程の改善・充実を図ること、採用段階でより優れた教師を確保するための採用選考方法の工夫・改善を図ることは極めて重要」としている。

　「教育は人なり」と言われているように、教育の直接の担い手であるのは教職員である。横浜市においても、優れた人材を確保し、育成していくことが今、求められているのである。

　先の答申では、「第2章　教師に対する揺るぎない信頼を確立する―教師の質の向上―」において、あるべき教師像が明示された。この中で、優れた教師の要素として、次の3つが挙げられている。

【優れた教師の要素】

教職に対する強い情熱
　教師の仕事に対する使命感や誇り、子どもに対する愛情や責任感などである。
　また、教師は、変化の著しい社会や学校、子どもたちに適切に対応するため、常に学び続ける向上心を持つことも大切である。

教育の専門家としての確かな力量
　「教師は授業で勝負する」と言われるように、この力量が「教育のプロ」のプロたる所以である。この力量は、具体的には、子ども理解力、児童生徒指導力、集団指導の力、学級づくりの力、学習指導・授業づくりの力、教材解釈の力などからなるものと言える。

総合的な人間力
　教師には、子どもたちの人格形成にかかわる者として、豊かな人間性や社会性、常識と教養、礼儀作法をはじめ対人関係能力、コミュニケーション能力などの人格的資質を備えていることが求められる。また、教師は、他の教師や事務職員、栄養職員など、教職員全体と同僚として協力していくことが大切である。

さらに、この答申では、「子どもたちや保護者、社会から尊敬され、信頼される質の高い教師を養成・確保するためには、教師としての資質や能力を明確にすることが大切である」と述べている。つまり、教職員としての資質能力を具体的に明らかにし、きめ細やかに人材を育成していくことの必要性が示されたのである。

　これを受けて文部科学省では、『魅力ある教員を求めて』において、普遍的な教師の資質能力と、今後さらに求められている資質能力を図表4-1のように示している。さらに、それらを「教師の仕事に対する強い情熱」「教育の専門家としての確かな力量」「総合的な人間性」という3つの資質能力にまとめている。このように文部科学省としては、これらの資質能力を持った優れた教員を養成したいと考えていることを明らかにした。それと同時に、これらをさらに向上させ、魅力ある教員となることを教職員に強く求めている。

いつの時代にも求められる資質能力
- 教育者としての使命感
- 人間の成長・発達についての深い理解
- 幼児・児童・生徒に対する教育的愛情
- 教科等に関する専門的知識
- 広く豊かな教養

今後特に求められる資質能力
(1) 地球的視野に立って行動するための資質能力
　・地球、国家、人間等に関する適切な理解
　・豊かな人間性
　・国際社会で必要とされる基本的な資質能力
(2) 変化の時代を生きる社会人に求められる資質能力
　・課題探究能力に関するもの
　・人間関係に関わる資質能力
　・社会の変化に適応するための知識および技能
(3) 教員の職務から必然的に求められる資質能力
　・幼児・児童・生徒や教育の在り方についての適切な理解
　・教職に対する愛着・誇り、一体感
　・教科指導、生徒指導のための知識、技能および態度

これらに基づく実践的指導力

○**教師の仕事に対する強い情熱**
　教師の仕事に対する使命感や誇り、子どもに対する愛情や責任感など
○**教育の専門家としての確かな力量**
　子ども理解力、児童・生徒指導力、集団指導の力、学級づくりの力など
○**総合的な人間力**
　豊かな人間性や社会性、常識と教養、礼儀作法をはじめ対人間関係能力など

図表4-1 教師に求められる資質能力　　文部科学省『魅力ある教員を求めて』より

2　横浜市が求める教師像

　それでは、横浜市ではどのような教師を求めているのだろうか。平成22年度の教員採用試験の募集要項では、求める教師像を次のように明示している。

> ○未来を担う子どもたちに夢や希望、生きる力を与える教育に情熱を注げる人物
> ○子どもの人格形成にかかわる教職への責任感を持ち、豊かな人間性や社会性を身に付けている人物
> ○教えて探究心を引き出すプロとしての専門性や高い使命感を持つ人物
> ○時代の変化を敏感に感じ取り、他と連携しながら常に自己研鑽に努める人物
> ○一生学び続けるという姿勢がある人物

　横浜市では、すべての教職員に求められる資質・能力を、「情熱」「専門性」「人間性」の3つの要素に集約している。採用に当たって求める教師像は、それをふまえたものである。
　また、横浜市の人材育成ビジョンでは、「人材こそが最も重要な経営資源である」という考えが示されている。それを受け、教育委員会としても次のような人材育成ビジョンを示している。

> 【教育委員会人材育成ビジョン】
> ○横浜の教育を、地域・市民と一体となって、元気よくすすめていける職員
> ○安全で、安心快適な学校をつくり、子どもたちに豊かな学習環境を提供できる職員
> ○人権感覚を磨き、幅広い人権に関する素養と問題意識を持った職員

　学校教育の成否の鍵は、教職員の資質能力の向上にある。保護者・地域の期待、児童生徒の願いに応えるために、これらのビジョンを「見える化」し、より効果的な人材育成をすすめていくことが望まれている。

2. 「教職員のキャリアステージにおける人材育成指標」策定

> すべての教職員に求められる「情熱」「専門性」「人間性」。
> この３つの資質能力を教職員のキャリアステージに応じて具体的に示したものが「教職員のキャリアステージにおける人材育成指標」である。教職員のキャリアは、個々の職務や能力によって異なるため、経験年数だけで一律に決められるものではない。個々が「人材育成指標」をよりどころとして、自らの資質能力の向上を図っていくことが大切である。教職員全員の資質や能力を高めていくことは、学校の教育力を高めることにほかならない。活力ある組織づくり、成長する組織づくりという視点からも教職員の資質能力の向上は欠かすことができない。

1 「教職員のキャリアステージ」とそれに応じた研修体系の設定

　教職員が職務能力・年次・経験等をふまえつつ、計画的にキャリアアップを図るためには、取り組むべき課題の共有化が必要である。教職員自身が初任者のときから見通しを持ち、課題を明確にして研鑽に取り組み、自らキャリアアップを図っていくようにすることが大切である。

　横浜市では、平成18年度に「研修キャリアステージ」を設定した。このねらいは、「教職員が自分のキャリアを把握するとともに、研修の動機付けやキャリアアップを図るための目標設定の手がかりとすること」と、「管理職が教職員の今後のキャリア形成をどのように図るかを適切に指導するための人材育成の視点として活用すること」の２つである。

　また横浜市では、教職員のキャリアステージを５つに分けて設定した（図表4-2）。個々の教職員を経験年数だけでとらえるのではなく、使命や役割、職務能力をふまえて、自らのキャリアステージを考えることができるようにしている。この考え方は、「教職員のキャリアステージにおける人材育成指標」（p.116）に引き継がれている。

　横浜市では、研修における教師力向上の３つの重点を「授業力」「マネジメント力」「連携力」においてきた。授業力とは、児童生徒理解を基盤に、他の職員と連携してわかる授業を目指し、教材開発、指導と評価など、日常的、具体的に展開する力を指している。「マネジメント力」と

は、「組織の一員としての自覚を持ち、学校教育目標実現に向けてチームで協働するなど組織的に取り組む力」である。「連携力」とは、「学校経営や学年・学級経営上のさまざまな課題に対して、同僚や地域、保護者、近隣校、他機関等との効果的な連携を図り、適切に対応することができる力」のことである。

この3つの力をふまえ、教職員のキャリアステージにおける研修体系を示したものが、図表4-2である。校内研修や横浜市教育研究会、各区の教育研究会と連携を図りながら、教育委員会が行うさまざまな研修をキャリアステージに位置付けている。

基礎能力開発期 → **基礎能力活用期** → **教職経験力活用期**

- 基礎能力開発期：学級経営、教科等指導における基礎・基本の習得
- 基礎能力活用期：基礎能力をベースにした応用力の発揮
- 教職経験力活用期：教育専門職としての能力活用、後輩への指導助言・育成
- 学校運営力開発・活用期：学校内外の研究・研修の推進、学校運営力の習得、人材育成の中心的役割、マネジメント能力の発揮
- 組織・経営マネジメント力開発・活用期：管理職として学校組織・経営マネジメント能力の発揮

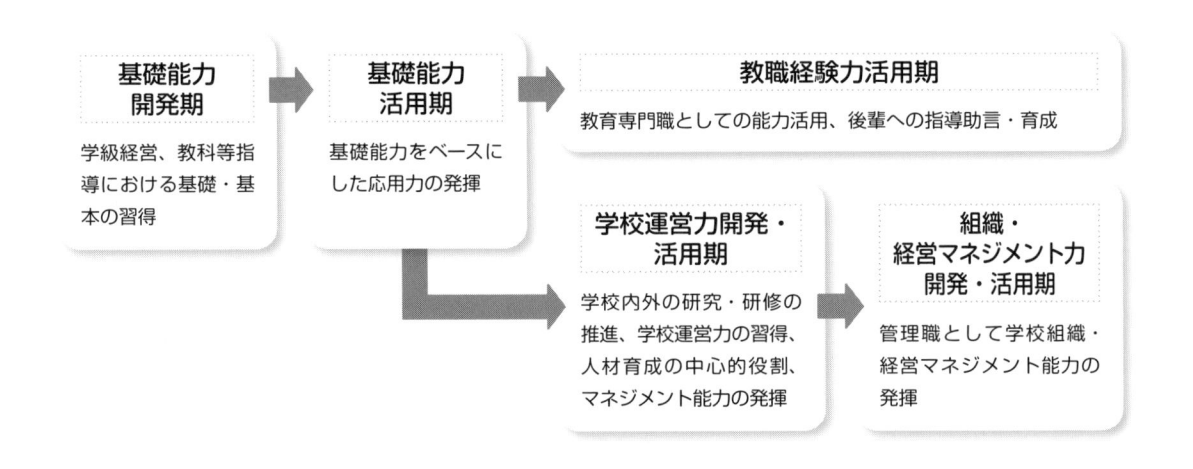

図表4-2　横浜市における教職員のキャリアステージ

各キャリアステージにおいて教職員に求められている力とは、次のようなものである。

● **基礎能力開発期**
学級経営、教科等指導などの担当の業務を中心に、授業力の基礎・基本と教師としての素養を習得することが求められているキャリアステージである。教育委員会としては、初任者研修、初任2年目・3年目研修をこのキャリアステージに合わせて設定している。

● **基礎能力活用期**
教科等指導、学級経営などの担当業務遂行能力や授業力のさらなる向上のため、横浜市の教育研究会や各区の教育研究会の活動、教育課程作成、教育課題への対応などの新たな取り組みにチャレンジする。教育委員会としては、5年次教員研修、10年次教員研修をこのキャリアステージに合わせて設定している。

● **教職経験力活用期**
教育専門職としての経験を活用して、さらに磨きをかけるとともに、教育活動全般にわたるさ

まざまな場面で教職員への実践的な指導助言を行い、学校運営参画力の向上を図る。教育委員会としては、21年目教員研修、31年目教員研修をこのキャリアステージに合わせて設定している。

●学校運営力開発・活用期

学校で行われる授業研究、教育課題研修、教育課程の編成に関するPDCA、横浜市の教育研究会や各区の教育研究会における研究などの推進を行う。学校運営力の習得を図り、人材育成の中心的役割として意図的に後継者を育成するなど、マネジメント能力を発揮する。教育委員会としては、主幹教諭研修、副校長昇任候補者研修をこのキャリアステージに合わせて設定している。

●組織・経営マネジメント力開発・活用期

管理職、学校経営者としての専門性を重視した、経営・組織マネジメント能力を発揮することを意図している。教育委員会としては、新任副校長研修、副校長研修、新任校長研修、校長研修、よこはま学校経営塾をこのキャリアステージに合わせて設定している。

2 「教職員のキャリアステージにおける人材育成指標」策定のねらい

きめ細やかな人材育成のためには、教職員として身に付けるべき資質や能力をより具体化し、体系的に示すことが必要である。初任者、2年目、3年目、5年次、10年次、21年目、31年目という教職経験やキャリアステージにおいて、さらには、主幹教諭、副校長昇任候補者、副校長、校長といった職によっても必要な力が異なってくる。各学校においては、人材育成を組織的・計画的・継続的に行うために、より効果的に教職員のキャリアアップを図っていく必要がある。魅力ある学校をつくるためには、教職員としての資質能力の向上とともに、優れた管理職の育成をも図っていくことが求められている。

第3章で述べたように、一人一人の教職員の教師力の向上は、自身の自己啓発が基盤となっている。教職員自身が自己の課題を設定するためにも、どの時期にどのような力を具体的に獲得すればよいかという目安が必要になってくる。教職員として身に付ける力の指標を示して「見える化」することは、個に合った系統的な目標設定ができることになり、自己研鑽の充実につながる。言い換えれば、キャリアステージに応じた人材育成のための指標があれば、教職員が目標を持って自己評価したり、その達成に向かう過程で生まれた自己の課題を、研修や研究などを通して自身で解決していこうという意識を持つことができるのである。「教職員のキャリアステージにおける人材育成指標」（以下「人材育成指標」、図表4-3、4-4）は、自分自身の能力開発、学校運営への関わり方、教職員としてのキャリアアップなどの動機付けや意欲付けとなるものであり、教職員として成長していく自分の姿を「見える化」したものと言うことができる。

図表4-3 教職員のキャリアステージにおける人材育成指標

教師力向上の重点			基礎能力開発期	基礎能力活用期	教職経験力活用期
情熱・人間性等	情熱・人間性	1	・常に児童生徒のために、教職への誇りと高潔な教育理念を持って教育活動に当たる。		
	使命感・責任感	2	・教育公務員として自己の崇高な使命を深く自覚し、絶えず研究と修養に励むとともに、職責を遂行する。		
	社会性・識見	3	・他の教職員や保護者、地域の方々と適切な人間関係を築き、組織の一員として協働的に関わる。		
	法令遵守	4	・教育公務員として、法令、「横浜市公立学校教職員行動基準」を遵守し、誠実かつ公正に職務を遂行する。		
教職専門性	授業設計	1	・幼保小連携や地域療育センターなどの関係諸機関との連携、小中連携の枠組みを理解し、児童生徒の実態を把握する。	・児童生徒の実態を的確に把握し、実態に応じて補充的指導や発展的指導を構想する。	・児童生徒の実態を的確に把握し、個を生かした授業を構想するとともに、他者への指導・助言を行う。
		2	・学習指導要領をふまえた「横浜版学習指導要領」「横浜市高校版学習指導要領」の内容を理解する。	・「横浜版学習指導要領」「横浜市高校版学習指導要領」に示された目標の実現を図る単元を構想する。	・「横浜版学習指導要領」「横浜市高校版学習指導要領」の趣旨を生かした教育課程づくりを推進する。
		3	・教材研究の大切さを理解し、教材研究に積極的に取り組む。	・児童生徒の実態や地域の特色を生かした教材開発に積極的に取り組む。	・学校の特色を生かした単元開発を行い、授業に関する専門性をさらに高める。
	授業実践	4	・教材研究により児童生徒の興味・関心・意欲を引き出す指導を行う。	・児童生徒の興味・関心を高め、学ぶ意欲を高める指導を行う。	・主体的に学ぶ意欲を持ち、相互に学び合う集団づくりを行う。
		5	・児童生徒が互いの意見を聞き合える学習習慣を形成し、本時の目標に迫る授業を行う。	・児童生徒同士が意見をつなげ、本時目標や単元目標に迫る授業を行う。	・児童生徒自身が目標を意識し、主体的に学び合う集団づくりを行う。
		6	・基本的な指導技術や、場に適した指導形態を理解し、指導内容が身に付くように指導する。	・指導技術や指導形態を工夫し、適切に指導する。	・個や集団に応じて指導技術や指導形態を使い分け、効果的に指導する。
	評価改善	7	・指導と評価の一体化について学び、評価規準を適切に設定して、指導と評価の計画を立てる。	・適切な評価規準を設定し、児童生徒の姿を具体的に想定しながら、指導と評価の計画を立てる。	・適切な指導と評価の計画に従って授業評価を適切に行い、評価の全体計画を立てる。
		8	・指導と評価の計画に従って児童生徒の学習状況を把握し、次時や次単元の指導に生かす。	・指導と評価の計画に従って児童生徒の学習状況を把握し、指導に生かすとともに、年間の評価計画を見直す。	・初任者や教職員に改善に向けた適切な指導助言を行うとともに、評価の全体計画を見直す。
		9	・信頼性のある評価を目指し、保護者に適切に説明するとともに、児童生徒の意欲を喚起するよう指導を改善する。	・信頼性のある評価を目指し保護者に適切に説明するとともに、児童生徒の意欲を喚起するよう指導を改善する。	・信頼性のある学校全体の評価計画を目指し、保護者説明会等で適切に説明するとともに、指導を改善する。

教師力向上の重点			基礎能力開発期	基礎能力活用期	教職経験力活用期
教職専門性		授業研究その他	10 ・校内で研究授業をすすんで行い、他の職員の指導助言を受け授業を改善する。	・校内、区、市などの研究授業を積極的に行い、授業力を向上させる。	・専門性を生かして授業研究会での指導・助言をすすんで行う。
			11 ・研究会や他校の授業研究会に積極的に参加し、授業に生かす。	・校内、区、市などの提案や企画・運営に積極的にかかわり、授業力を向上させる。	・専門性の向上や自校に生かせる研究会に参加、提案を行い、広く情報発信、活用する。
	マネジメント力	学校ビジョンの構築 1	・学級経営や教科経営等、分担された業務について、目標を明らかにして実践・評価・改善を行う。	・学年や教科等、校務分掌された組織の目標を明確にするとともに、従来の考えにとらわれない発想と企画、アイデアを持って実践・評価・改善を行う。	・さまざまな校内組織を見つめ、自らの経験を生かして自校の実践と成果、課題の把握と改善点の立案をし、目指す方向性を明らかにするとともに、振り返りを組織全体の改善に役立てる。
		カリキュラムマネジメント 2	・児童生徒の実態に応じた指導計画を立て、授業実践し、課題をすぐに修正し、課題解決を目指す。	・授業改善や授業評価についての自校の実態をとらえ、分析、実践する。	・自校の実践における具体的な成果と課題をとらえ、問題提起をしてカリキュラムを改善する。
		人材育成 3	・自らの指導を振り返り、学年・教科主任等の指導・助言を受け、指導改善をすすんで行う関係づくりをする。	・学年や校務の推進をする中で、同僚性を構築してその基点となり、次の世代の育成や、学年・校務間のつながりをつくり、相乗効果を生み出す。	・自らの教育方法や指導技術を公開し、教員としてのロールモデルであることを自覚し、後進の育成に当たる。
		環境づくり(学校組織マネジメント) 4	・教育活動や校務の推進について、従来の考えにとらわれない発想と企画、アイデアを持つとともに、組織の中にある自己の役割、責任に気付き、その一員としての責務を果たす。	・身近な学年や教科等組織から学校全体を広く見渡す視点に気付くとともに、自校の特色(強み・改善点)について、自分の意見と推進案を持ち、実践する。	・自己の経験を生かし、組織全体について、内外の環境要因を広く見渡しながら、その特徴をつかみ、「強み」を生かした教育活動を展開する。
		資源の活用(人的・物的・情報的資源) 5	・身の回りの資源に気付き、何をどのように活用したら効果的かを考え、実践する。	・学校や保護者・地域等、学校にとって価値あるものを見つめ直し、活用方法を模索し、実践する。	・学年や学校の課題に応じて、必要な情報を収集し、より有効な活用の仕方を考え、具体化する。
	連携力	コミュニケーション 1	・傾聴の大切さを理解し、児童生徒の心情を汲み取った対応をする。 ・配慮を要する児童生徒に対し適切な対応をするとともに、集団への指導を適切に行う。	・受容的カウンセリングマインドを持ち、児童生徒に対して適切で効果的なコミュニケーションを図る。 ・児童生徒同士のコミュニケーションを促進し、望ましい集団をつくる。	・共感や相互受容を大切にしながら、児童生徒同士のコミュニケーションを促進し、より望ましい集団をつくる。
		コミュニケーション 2	・会議や校内研修等で積極的な発言をする。 ・わからないことをきちんと質問する。	・互いに助け合い、支え合う関係、本音で付き合える関係を構築する。 ・自校のために前向きな議論ができる関係を構築する。	・学年メンバーの悩みや不満を理解し、気持ちや立場を大切にするとともに、学年メンバーへの指導・助言等を通して人材育成に当たる。 ・管理職や他学年・担当の主任とのつながりを大切にし、積極的に働きかける。
		コミュニケーション 3	・保護者、地域、関係機関の思いを受け止め、誠意をもって対応する。	・保護者、地域、関係機関の思いを受け止め、誠意をもって対応する。	・保護者、地域、関係機関との円滑なコミュニケーションを図り、ネットワークを形成する。
		情報活用 4	・「報告・連絡・相談」の大切さを理解し、必要な報告、連絡、相談をする。 ・ICT活用について基礎的な知識・技能を身に付け、効果的に授業や業務に生かす。	・建設的で説得力のある説明や適切な自己表現をする。 ・保護者、地域、関係機関との連絡・調整を適切に行い、必要な情報を提供する。	・保護者・地域・関係機関など、さまざまな立場の人と協働し、広く情報収集をしたり、適切に情報発信を行ったりする。
		問題解決・合意形成 5	・保護者、地域、関係機関の思いを受け止め、学年や担当の主任などの助言を受けながら対応する。	・保護者・地域・関係機関との連絡・調整を適切に行い、学年や担当の主任、管理職などと相談しながら、問題解決に取り組む。	・保護者、地域、関係機関との連絡・調整を円滑に行い、児童生徒や家庭にとって、よりよい問題解決に取り組む。

図表4-4 教職員のキャリアステージにおける人材育成指標(主幹教諭・管理職および管理職候補者)

	教師力向上の重点		学校運営力開発・活用期	組織・経営マネジメント力開発・活用期
情熱・人間性等	人間性・リーダーシップ	1	・総務部、指導部、研究部等、学校運営組織をリードするとともに、常に自己研鑽に努めて教職員の範となる。	・職業倫理の模範を示すとともに、豊かな経験に裏付けられた高い見識を持って的確で迅速な判断・決断をし、リーダーシップを発揮する。
	使命感・責任感	2	・校務全般を把握するとともに、それらが円滑に機能するよう自己の役割を遂行する。	・学校の責任者として高い使命感を持つとともに、自らを省察することを通して自己の職能を成長させる。
	社会性・識見	3	・学校への社会の要請を自覚し、教職への誇りと豊かな経験に裏付けられた高潔な教育理念や高い識見を持って教育活動に当たる。	・広い視野のもとで公教育や自校を取り巻く社会的・文化的状況を把握して、学校のビジョン形成に生かす。
	法令遵守	4	・教育に関する法令を理解するとともに、教育公務員として法令、「横浜市公立学校教職員行動基準」を遵守し、誠実かつ公正に職務を遂行する。	・法令、「横浜市公立学校長行動基準」を遵守するとともに、教育公務員としての職責や義務について職員に定着させる。
経営マネジメント/組織マネジメント 学校経営者としての専門性	学校ビジョンの構築	1	・学校の置かれた状況を把握し、校長の指導のもと、「中期学校経営方針」を理解するとともに、具体目標の立案やその実現に向けた方略を持つ。	・学校のおかれた状況を多面的に把握し、学校運営協議会、学校評議員、「まちとともに歩む学校づくり懇話会」等での協議をふまえ、中・長期的な学校経営ビジョンを明確にし、中期学校経営方針を策定する。
		2	・学校評価を基に、自校の教育活動や学校運営の状況を的確に把握する。	・「中期学校経営方針」と連動した学校評価計画を立案し、それらの実施に向けた具体的目標や重点目標を掲げ、組織的な方略を明らかにする。
		3	・目標実現に向けた方略を組織の機能に生かすとともに、継続的な評価・改善を行う。	・自校の教育活動や学校運営の状況を的確に把握しながら、評価・改善に努め、新たな短期的方略に生かす。
	カリキュラムマネジメント	4	・学校の特色を生かしたカリキュラムの編成・実施・評価・改善という一連のサイクルを具体化し、実践する。	・学校の特色を生かしたカリキュラムを編成し、適切に管理するとともに、その運営・改善にリーダーシップを発揮する。
		5	・授業に関する専門性をさらに高め、授業づくりや指導法に対する助言を行う。	・教職員の経験や個性を考慮しながら、適切に指導・助言を行い、教材研究やカリキュラム開発に取り組むことができるよう環境整備を行う。
		6	・校内、区、市など、授業研究会の企画運営、改善等に積極的に関わるとともに、自校の研究・研修体制づくりに生かす。	・教職員の授業力を適切に把握し、学校評価で明らかになった課題解決に向けて、授業力向上のための組織風土を醸成する。

教師力向上の重点			学校運営力開発・活用期	組織・経営マネジメント力開発・活用期
学校経営者としての専門性	経営・組織マネジメント	人材育成	7 ・自らの教育方法や指導技術を公開し、教員としてのロールモデルであることを自覚し、後進の育成に努力する。	・教職員一人一人の資質・能力や業績を適切に把握し、キャリアステージに応じた育成のための指導を行う。
			8 ・校長や副校長との連絡を密にして、教職員の資質・能力向上のための仕組づくり(メンターチーム等を含む)に積極的に取り組む。	・教職員同士の組織的な人材育成が図られるよう、チームや学年、教科等による育成システムを構築する。
			9 ・学校運営組織などを務めるとともに、意図的・計画的に後継者を育成する。	・副校長や主幹教諭の意図的・計画的な人材育成に努め、マネジメント能力に長けた次世代リーダーを養成する。
		環境・組織づくり 危機管理	10 ・組織運営にかかわる内部および外部環境を把握し、「強み」を生かした教育活動を展開する。	・組織運営に関わる内部および外部環境を把握し、「強み」を生かした教育活動の実現に向けた組織づくりを行う。
			11 ・自己の経験を生かし、組織全体の活性状況を把握するとともに、組織運営の改善を推進する。	・学校教育目標の実現状況を多面的に把握し、組織運営の視点から改善する。
			12 ・教育環境の安全を絶えず点検し、課題について迅速に対応する。	・安全な環境のもとで教育活動が展開されるように危機管理体制を整備する。
			13 ・学校運営上必要な人事、学校施設、学校事務(財務、文書等)の管理について基礎知識や実践力を身に付ける。	・学校運営上必要な所属職員の管理・監督、学校施設の管理、および学校事務(財務、文書等)の管理を適切に行うとともに、効果的に運用する。
		経営資源の活用 (人的・物的・資金的・情報的資源)	14 ・外部とのさまざまな調整の実務担当者として、自校の課題に応じて経営資源を活用する。	・学校経営に関わるさまざまな経営資源を見つめ、それらを有効活用する中で、組織の持続成長の方策を打ち出す。
			15 ・保護者・地域・関係機関等外部への情報提供を計画的に行い、その効果を確かめたり、発信方法を工夫したりする。	・保護者・地域・関係機関などが自校に寄せる関心や期待の内容を把握し、それらを教育活動に生かすとともに、学校経営ビジョンや校長としての所信を発信し、信頼を高める。
		連携力	16 ・教職員間のコミュニケーションを活性化し、相互理解を促進するとともに、問題解決や合意形成が協働的に行われるようにする。	・職員間の関係性に配慮し、豊かなコミュニケーションが行われるような組織風土を醸成する。
			17 ・会議や研修が効率よく行われるようにするとともに、参加者の積極的な取り組みを引き出し、組織を活性化する。	・自校の教育活動が効率よく最大の効果を上げられるように組織を活性化する。
			18 ・保護者・地域・関係機関などのニーズや問題の状況を客観的に把握し、校長・副校長に報告するとともに、よりよい解決策を提案したり、問題解決の過程を支援したりする。	・自校の問題解決に向け、教育委員会等の関係機関と適切に連携や調整・折衝を行いながら、対応する。

※基礎能力開発期、基礎能力活用期、教職経験力活用期における「授業力」は、学校運営力開発・活用期、組織・経営マネジメント力開発・活用期においては、「カリキュラム・マネジメント」を中心に位置付けている。
※「カリキュラム・マネジメント」については、「横浜版学習指導要領 総則」において「学校の教育活動を充実させるために、組織的かつ計画的に教育課程の編成・運営・評価・改善を行うこと」としている。

3 「人材育成指標」に見る教師力向上の重点

　教師力を向上させるために重点的に育てたい資質能力は、キャリアステージによって異なってくる。図表4-3のように横浜市では、基礎能力開発期、基礎能力活用期、教職経験力活用期という3つのキャリアステージにおいては、すべての教職員に求められる資質能力である「情熱」「専門性」「人間性」を「情熱・人間性等」「教職専門性」と、大きく2つにまとめて表している。

　また、この3つの期に属するのは、教科指導や学級経営、児童生徒指導等が業務の中心となる教職員である。そのため、重点的に向上させたい専門性を「教職専門性」と位置付け、「授業力」「マネジメント力」「連携力」として具体的に明示している。

　これに対し、図表4-4のように、キャリアステージが学校運営力開発・活用期、組織・経営マネジメント力開発・活用期の対象を主幹教諭や管理職、管理職候補者としてとらえ、専門性を「学校経営者としての専門性」としている。キャリアステージに合わせて、教師力向上のために重点化する項目を、「教職専門性」から「学校経営者としての専門性」という形で、総合的に発展させているのである。

　また「情熱・人間性等」については、教職員の場合、「情熱・人間性」「使命感・責任感」「社会性・識見」「法令遵守」の4つに細分化しているが、管理職の場合は、これらに「リーダーシップ」という要素を加えている。このことは、リーダーシップが、管理職としての重要な要素であることを象徴している。

　このように「人材育成指標」は、それぞれのキャリアステージに応じて、教師力向上のために重点をおく必要のある資質能力を細分化したり、職能に合わせた資質能力に発展させたりしながら、段階的に、より具体的に示しているのである。

3. 「人材育成指標」の活用

　「人材育成指標」は、さまざまな場面で活用することによって、具体的な目標設定が可能となり、教職員一人一人のキャリアアップにつながる。「人材育成指標」の活用のねらいは、次の3つである。

> 教　職　員…自らの資質・能力を把握し、キャリアアップを図るための目標設定・評価の具体的な手がかりとしての活用
> 学　　　校…校内OJTにおける組織的人材育成の指標としての活用
> 教育委員会…教育委員会主催の研修体系構築のための指針としての活用

1 教職員一人一人が活用

　教職員には、自分自身の資質能力を高めていくことに意欲を持って取り組むことが望まれている。そのため「人材育成指標」は、具体的に教職員一人一人が自らの資質能力を把握し、キャリアアップを図るための目標設定をする手がかりとなるものである。

　例えば教職員が、年度当初に人事評価システムに基づいた「自己観察書」を記入する際、自らのキャリアステージの展望を基に各自が目標を設定したり、また、中間期、年度末に自己評価をしたりするときに活用することができる。その際に行われる校長との面談時には、この「人材育成指標」を用いながら自己のキャリアステージの状況について話し合い、適切な目標設定および自己評価を行っていくことが重要である。

　つまり、教職員が自分自身の適性や資質能力を向上させ、将来どんな役割を果たすべきかを考える機会とするのである。目標に向かって、担当する学年や校務分掌など、自分自身がどのような経験を積んでいくことが必要なのかを考えるなど、キャリアアップの動機付けにもなっていく。教職員としてのキャリアに対し、自分自身がしっかりと見通しを持つために、「人材育成指標」を活用していくことが大切である。

2 学校における活用

　教職員の質の向上のためには、職場の同僚のチームワークを重視し、全員のレベルを向上させる視点と、個々の能力を評価し、向上を図っていく視点の両方を適切に組み合わせることが重要である。その際に、校長のリーダーシップが重要な役割を担っていることは言うまでもない。学校においては、組織的な人材育成の指標として、「人材育成指標」を校内OJTにおける目標設定に活用することができる。校長は教職員一人一人との面談を通して、それぞれのキャリアアップを図るために取り組むべき課題の共有化を図る。さらに、その課題解決に向けて教職員自らが研鑽を積むことができるように、研修計画の立案をはじめ、研修への積極的な取り組みに向け、適切な指導・助言を行うことが必要である。

　メンターチームは、基礎能力開発期にある教職員が参加していることが多い。この期の「人材育成指標」に示されている教師力向上の具体的な項目から、自分たちが課題と考えているものを取り上げる。その上で、それぞれの教師力向上の重点のバランスを考えて課題を配置すれば、1年間の研修計画を立てることができる。また、自分たちが設定したテーマが、教師力向上の重点のどの項目に当てはまるものなのかを考えて研修の目的に設定することで、伸ばしたい資質能力が明らかになる。そうすることによって、研修の内容が充実したものになると考えられる。

3 教育委員会としての活用

　教職員一人一人の資質能力の向上を図るためには、学校を支える教育委員会の役割が重要であり、校内研修と教育委員会が開催する研修との効果的な連携を図ることが大切である（図表4-5）。教育委員会においては、教師力向上を図る研修体系構築のための指標として、この「人材育成指標」を活用していく。キャリアステージは教職経験の年次だけで決まるものではないが、初任者研修、5年次・10年次教員研修、教職経験力活用研修などのキャリア開発研修の企画・立案・実施においては、それぞれの目標設定に人材育成指標を活用している。

　教職員一人一人の意欲や資質能力、キャリアに対する考え方が多様化している。同様に、個々の研修ニーズも多様化しているため、それらに対応するために、選択型や自己啓発型の研修の機会を拡大している。今後も、この指標を基にして、年次研修、職能研修などのさまざまな研修機会の設定、ニーズに応じた研修を企画し、充実させていくことが大切である。

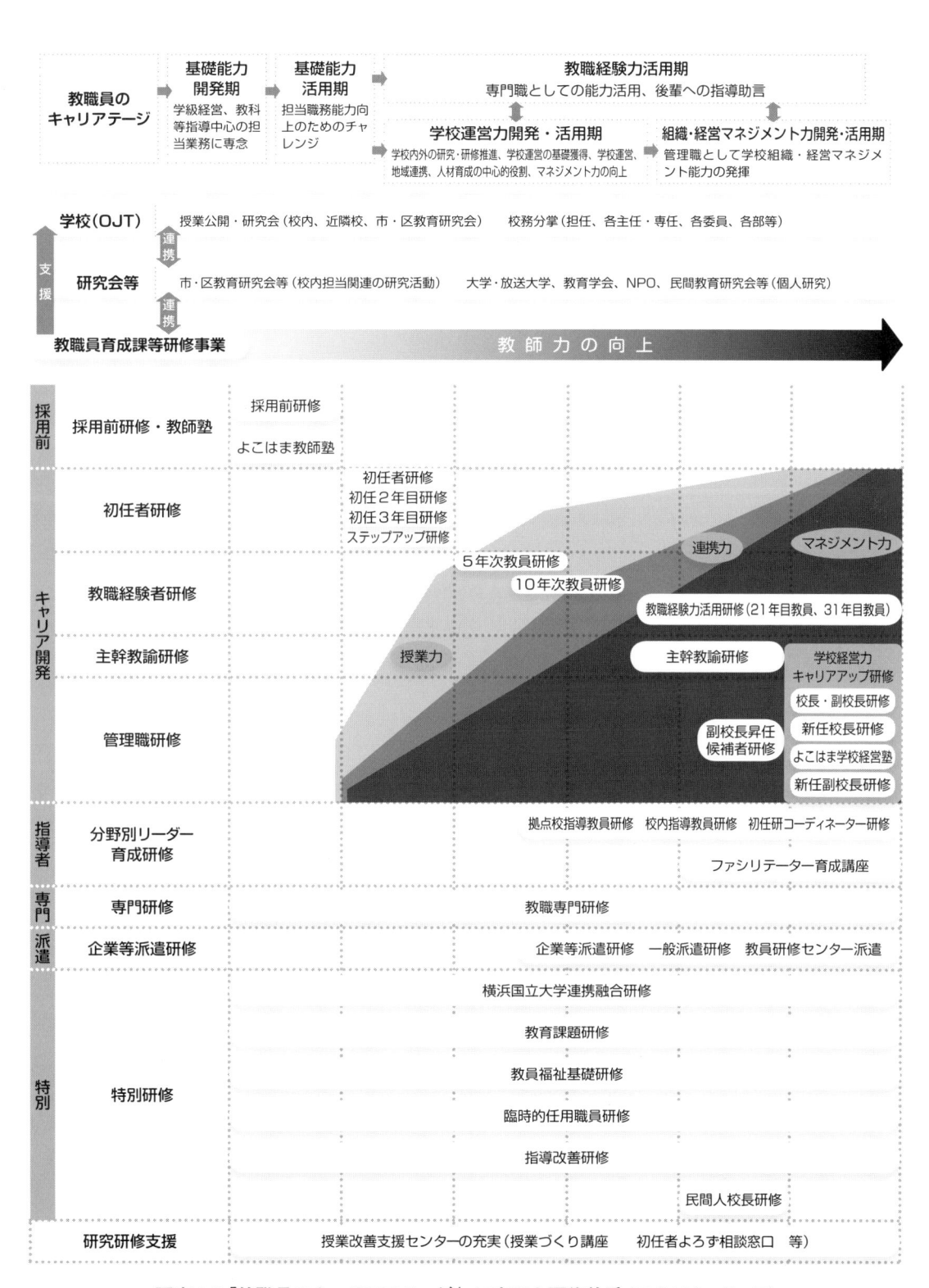

図表4-5 「教職員のキャリアステージ」に応じた研修体系（平成22年4月1日）

教職員のキャリアステージ

- 基礎能力開発期：学級経営、教科等指導中心の担当業務に専念
- 基礎能力活用期：担当職務能力向上のためのチャレンジ
- 教職経験力活用期：専門職としての能力活用、後輩への指導助言
- 学校運営力開発・活用期：学校内外の研究・研修推進、学校運営の基礎獲得、学校運営、地域連携、人材育成の中心的役割、マネジメント力の向上
- 組織・経営マネジメント力開発・活用期：管理職として学校組織・経営マネジメント能力の発揮

支援

- 学校（OJT）：授業公開・研究会（校内、近隣校、市・区教育研究会）　校務分掌（担任、各主任・専任、各委員、各部等）
- 連携
- 研究会等：市・区教育研究会等（校内担当関連の研究活動）　大学・放送大学、教育学会、NPO、民間教育研究会等（個人研究）
- 連携
- 教職員育成課等研修事業 → 教師力の向上

区分	研修名	内容
採用前	採用前研修・教師塾	採用前研修／よこはま教師塾
キャリア開発	初任者研修	初任者研修／初任2年目研修／初任3年目研修／ステップアップ研修
	教職経験者研修	5年次教員研修／10年次教員研修／教職経験力活用研修（21年目教員、31年目教員）
	主幹教諭研修	主幹教諭研修
	管理職研修	副校長昇任候補者研修／学校経営力キャリアアップ研修／校長・副校長研修／新任校長研修／よこはま学校経営塾／新任副校長研修
指導者	分野別リーダー育成研修	拠点校指導教員研修　校内指導教員研修　初任研コーディネーター研修／ファシリテーター育成講座
専門	専門研修	教職専門研修
派遣	企業等派遣研修	企業等派遣研修　一般派遣研修　教員研修センター派遣
特別	特別研修	横浜国立大学連携融合研修／教育課題研修／教員福祉基礎研修／臨時的任用職員研修／指導改善研修／民間人校長研修
	研究研修支援	授業改善支援センターの充実（授業づくり講座）　初任者よろず相談窓口　等

能力軸：授業力 → 連携力 → マネジメント力

第4章　教職員が目指す力量を「人材育成指標」で見える化

column 4

初任から3年目までの教師力
「初任研チャレンジシート」から

　横浜市では、これまで初任者を3年間で育成するために、初任者研修、初任2年目・3年目研修を設定し、実践力・指導力および教師としての使命感の育成を図ってきた。

　平成21年度に「人材育成指標」を策定するまでの期間についても、初任から3年間の教師力を表す指標として、「初任研チャレンジシート」（図表4-6）を活用してきた。このシートでは、「教職への誇りと、高潔な教育理念を持って教育活動に当たる」「児童生徒一人一人のよさや可能性を認め、褒めたり励ましたりする」「ノートの取り方や整理の仕方について指導が行き届いている」などの47の規準を設定している。それぞれの規準について、5段階で評価をした上で、6つの項目の教師力を平均し、レーダーチャートに表し、自己の教師力が見えるようにしてきた。

　ここでの6つの項目とは、教職員に求められる資質能力である「情熱」「専門性」「人間性」のうち、「専門性」をさらに、「子ども理解」「学習指導（授業前・後）」「学習指導（授業場面）」「学級経営」の4つに分類したものである。

　このシートは、初任者自身の自己評価と、拠点校指導教員、校内指導教員を中心に、直接初任者の育成に関わる教諭からの評価をすり合わせながら、年度始め（前期）と年度末に記入する。その後、このシートを基にして、初任者と校長が面談を行うことになる。

　これらの一連の活動を通して、初任者自身が自らの資質能力を省察し、自分自身の今後の課題をつかみ、どのように自己研鑽を重ねていくかを考える機会となっている。

　例えば教職経験3年目の教員は、3年分のチャートを重ねて、自分自身の変容を確認する。また、校長としても、初任者から3年目までの一人一人の課題を明確にすることができるため、校内OJTをすすめる上で有効に活用できるものとなっていた。このように、こうした指標があることによって、また、このシートを有効に活用することによって、初任者は、自らの具体的な教師力の課題を明らかにし、自己研鑽に向かうことができるのである。

　平成23年度からは、横浜型初任者育成研修としてこのチャレンジシートを見直し、新たな一歩を踏み出す予定である。

教師力向上の重点		区	学校名	初任者名		校長名					
							1年目		2年目		3年目	
	教師力		規 準				前期	年度末	前期	年度末	前期	年度末
情熱	1.使命感・責任感・愛情	1	教育公務員として法令を遵守し、誠実かつ公正に職務を遂行する。									
		2	教職への誇りと、高潔な教育理念を持って教育活動に当たる。									
		3	校務分掌の種類・内容について理解し、自己の役割を遂行する。									
		4	教育公務員として研究、研修に積極的に取り組み、常に自己啓発に努める。									
		5	児童生徒に温かく接し、愛情を持って成長を支援する。									
専門性	2.子ども理解	1	確かな状況把握に努め、児童生徒一人一人に受容的、共感的に接する。									
		2	児童生徒一人一人のよさや可能性を認め、褒めたり励ましたりする。									
		3	児童生徒の人間関係を把握し、問題発生の未然防止に努める。									
		4	係活動や委員会活動で、児童生徒の自主自立的な活動を充実させる。									
		5	問題行動を見逃さず、機会を適切にとらえて指導する。									
		6	さまざまな教育的ニーズのある児童生徒について理解し、適切に指導する。									
	3.学習指導（授業前・後）	1	学習指導要領における教科等の目標や内容を理解している。									
		2	教育課程の意味を理解し、その作成の手順や方法がわかる。									
		3	個々の児童生徒の発達状況をふまえ、日常的に指導計画を立案・修正する。									
		4	授業のテーマやねらい、どのような資質や能力を育成したいかを明確にする。									
		5	時間配分が適切な授業計画を作成する。									
		6	指導のねらいや児童生徒の実態に応じて、資料の選択や作成をする。									
		7	安全で有効な教材教具を選択したり、作成したりして、使用・管理する。									
		8	評価規準に沿って客観的、かつ公正な評価を行い、記録する。									
		9	評価結果に基づき、PDCAサイクルを活用して指導計画や指導方法の改善を図る。									
	4.学習指導（授業場面）	1	教材研究や指導展開の工夫をして、わかりやすい授業を行う。									
		2	指示、発問が適切で、児童生徒が明確に課題を把握できる。									
		3	計画的、効果的に板書を行い、チョーク等の使い方が適切である。									
		4	ノートの取り方や整理の仕方について指導が行き届いている。									
		5	児童生徒の発言を適切に整理して、学びを促進したり考えをまとめたりする。									
		6	児童生徒の興味や関心、意欲を喚起するような導入を行う。									
		7	指導計画に基づきつつ、児童生徒の実態に合わせて授業を行う。									
		8	教材作成や学習指導で電子教材、ICT・視聴覚機器を適切に利用し、有効に活用する。									
		9	児童生徒一人一人の実態を理解し、個に応じて説明や教材の提示をする。									
		10	児童生徒の習熟や興味・関心に応じて、多様な指導方法を効果的に用いる。									
	5.学級経営	1	児童生徒の信頼関係や好ましい人間関係づくりをすすめる。									
		2	児童生徒が集団でのマナーや約束事を意識して行動するように指導する。									
		3	集団を指導する力と同時に、個に応じた指導も行える力を持つ。									
		4	座席の配置や壁面の利用など、学習環境を適切に整備する。									
		5	学習環境を整えるために教室の物品、事務用品の適正な管理を行う。									
		6	児童生徒の健康や安全に配慮して日々の指導を行う。									
		7	時間、約束やきまりを自ら守り、児童生徒に範を示す。									
		8	児童生徒の学校や学級での生活と、教科等との関連をふまえた指導を適切に行う。									
人間性	6.社会性・人格識見	1	積極的に児童生徒と遊んだり会話や談笑したりして、慕われる人間関係をつくる。									
		2	他者や児童生徒一人一人の人権に配慮し、尊重する。									
		3	自身の言動や服装等について、社会人として適切に判断し行動する。									
		4	他の教職員と適切な人間関係を築き、組織の一員として協働的に関わる。									
		5	保護者の多様な思いを受容的、共感的にとらえる。									
		6	保護者や地域との連携の必要性を理解し、積極的に関わる。									
		7	児童生徒や保護者のプライバシーに配慮し、情報管理を適切に行う。									
		8	安全教育（防犯・防災・交通）について意義や内容を認識し、日常的に取り組む。									
		9	チャレンジシートを基に総合的に自己を振り返り、改善の視点を明確にする。									

状況は5段階で表記　5…十分に実現している　4…かなり実現している　3…概ね実現している　2…不足している　1…かなりの努力を要する

図表4-6　初任研チャレンジシート（平成22年4月1日）

column 5

5年次・10年次教員研修と
メンターチームの関わり

　横浜市では、5年次教員を対象に年間で5回の研修を実施している。この研修は、5年次教員が自らの授業実践や児童生徒理解などを振り返り、資質能力のさらなる向上を図るとともに、ミドルリーダーへ向けて新たな自覚を持つことを目的としている。小中一貫教育推進ブロック（①）ごとに行う「児童生徒理解研修（②）」と「代表授業研究会（③）」は、5年次教員が研修の企画・運営を主幹教諭と相談してすすめている。

　また、在職期間が10年に達した教諭の必修研修として、10年次教員研修を実施している。教職員としての資質能力の向上を図るために、教育課程や教育課題などに関わる研修を校外で13日以上、校内で18日以上受講する。研修を通して、自らのキャリア形成のみならず、校内のミドルリーダーとしての自分の在り方についても考える機会を持つ。

　5年次教員の「代表授業研究会」は、小中一貫教育推進ブロック内の小・中・高・特別支援学校という異なる校種の5年未満の教員が参加する。いわば、各校のメンターチームのメンバーがこの研修に参加していることになる。この授業研究会では、10年次教員がファシリテーション研修で習得したスキルを活用し、ファシリテーター役を務める。経験の浅い教員は、ロールモデルとしてその姿を見つめることになる。また、別の視点から見ると、5年次・10年次教員は、校内のメンターチームのリーダーとして、日ごろ培ってきた力をこの授業研究会で生かす場でもある。5年次・10年次教員研修は、校内のメンターチームを中心とした人材育成を活性化する役割も果たしている。

① 小中一貫教育推進ブロック
　横浜市では、小中学校の教職員の人的交流を促進して「学力観」「指導観」等の共有化を図り、授業改善の促進と学力向上を目指し、中学校区を基本として「小中一貫教育推進ブロック」を設定している。その中で、小中学校間の連携、協働の取り組みをすすめることを目指している。

② 児童生徒理解研修
　小中一貫教育推進ブロック内児童生徒の実態に関する課題からテーマを設定し、協議や演習を通して児童生徒理解を深め、今後の児童生徒指導に生かすための研修。異校種の教員が関わる中で、子ども観を共有する目的もある。

③ 代表授業研究会
　5年次教員の授業力向上、指導力向上を目指すための授業研究会。小中一貫教育推進ブロック内で代表者1人が授業を公開し、協議会を開催している。

column 6

管理職育成の基本「自己開発」

　人材育成の基盤は、持続的な成長に向け、自身を磨き続けていこうとする自己開発によるところが大きい。管理職自身が職能に応じたキャリア形成への展望を持ち、自己目標と具体的な取り組みを明らかにし、自己開発につなげていくことが重要である。人事評価システムでは、「学校経営」「学校教育の管理」「職員の指導・管理」「共通」の職務分類がある。これら各分類の評価を確認し、「人材育成指標」に基づいた多くの機会を活用し、自己開発に努め、自己課題に応じた研修等を選択、履修していくことが大切である。

　また、研修履修による評価や成果は、評価者によって、処遇や配置を含めた「人事・評価」と連動させ、有効に活用していくことが肝要である。人事と研修の一体化をすすめることにより、優れた管理職の人材開発とその恒常的な育成、さらには組織全体の活性化が見込まれる。

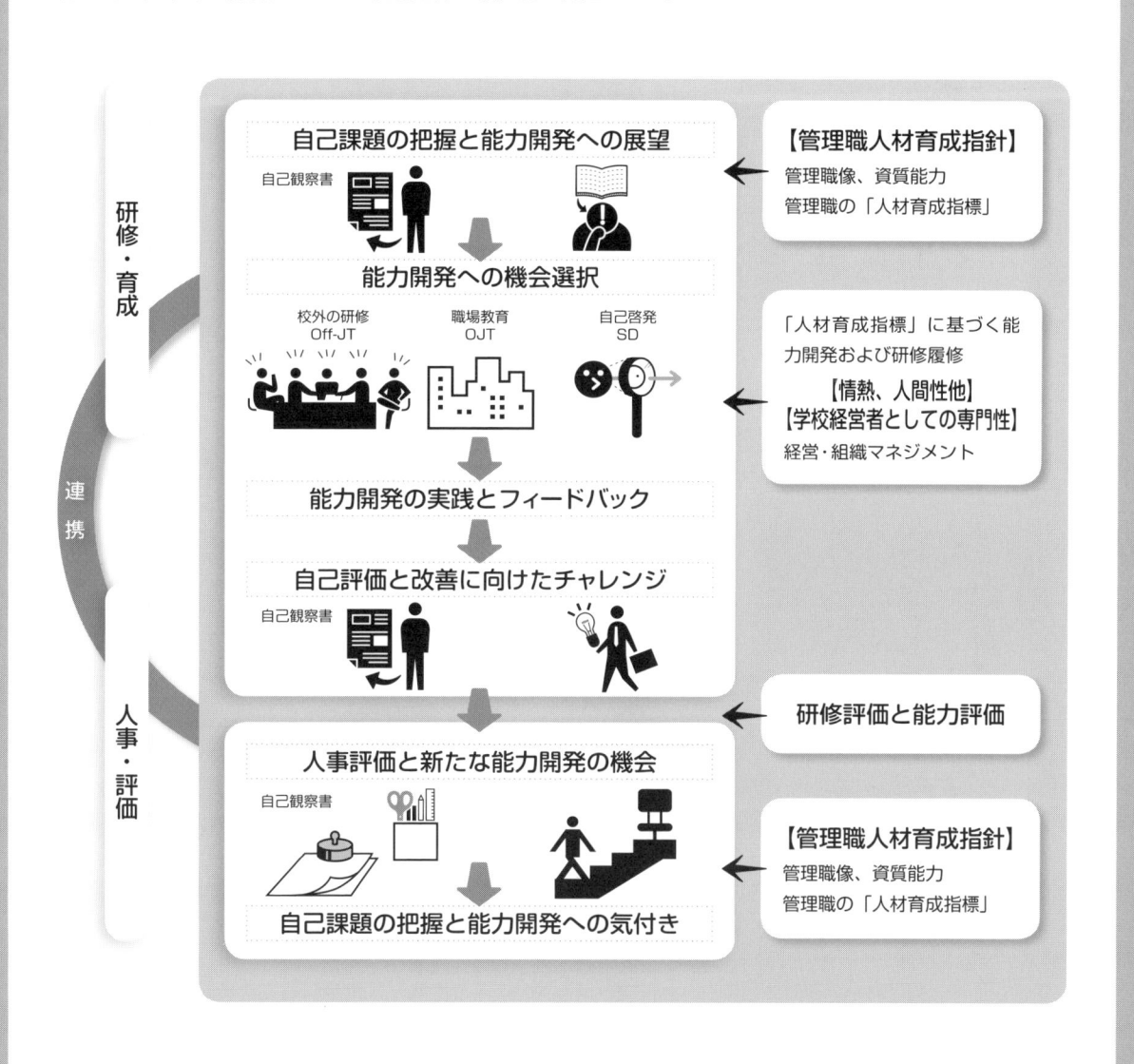

```
研修・育成　　　　　　　　　　　　　　　　　　　　　　人事・評価
                        連携

┌─────────────────────────────────┐
│  自己課題の把握と能力開発への展望         ← 【管理職人材育成指針】
│  自己観察書                              管理職像、資質能力
│                                         管理職の「人材育成指標」
│          ↓
│  能力開発への機会選択
│  校外の研修   職場教育   自己啓発
│  Off-JT      OJT        SD          ← 「人材育成指標」に基づく能
│                                       力開発および研修履修
│                                       【情熱、人間性他】
│                                       【学校経営者としての専門性】
│                                       経営・組織マネジメント
│          ↓
│  能力開発の実践とフィードバック
│          ↓
│  自己評価と改善に向けたチャレンジ
│  自己観察書
│          ↓                          ← 研修評価と能力評価
│  人事評価と新たな能力開発の機会
│  自己観察書                          ← 【管理職人材育成指針】
│                                       管理職像、資質能力
│          ↓                            管理職の「人材育成指標」
│  自己課題の把握と能力開発への気付き
└─────────────────────────────────┘
```

第5章 メンターチームと人材育成

1. 校内研究とメンターチームによる人材育成

　自校の児童生徒の実態や学校を取り巻く環境などに合わせて研究テーマを設定し、全教職員で取り組む校内研究は、多くの学校で定着している。
　この校内研究では、教職員の授業力向上を図り、よりよい教育活動を実践することが大きな目的となっている。研究会の内容は、研究テーマに沿った研究授業が柱になることが多い。そして、研究授業の指導案をグループや全教職員で検討したり、研究授業後の協議会で、指導方法などについて意見を出し合ったりしている。校内研究は、こうした取り組みを通して、教職員の授業力向上に力点をおき、学校全体としての力量向上に向けて人材育成を図っている。
　一方、メンターチームでも、授業力向上に向けて自主的に研究授業を実施する学校が多くなっている。メンターチームでの研究授業後の協議会では、「こんなことを質問したら恥ずかしい」と思うことでも質問ができたり、基礎・基本となる事項の確認をしたりするなど、経験の浅い教職員にとっては、思っていることや考えていることを気兼ねすることなく話すことができ、学びも多い。そして、この積み重ねは、授業力向上はもとより、課題解決に向けた仲間意識や連携協力意識の高まりにつながり、同僚性を培っている。
　このように、校内研究もメンターチームもそれぞれの取り組みの中で、人材育成をすすめることができる。特にメンターチームは、校内研究に比べて、より同僚性を培い、一人一人に応じた力量の向上を図る機会を多く持っている。そのため、校内研究とメンターチームでの活動を互いに生かし合いながら取り組むことによって、授業力向上を広い視点からとらえ、意欲的な活動に結びつけ、より一層大きな成果を上げることができる。

2. メンターチームと人材育成との関わり

1 初任者をはじめ経験の浅い教職員の育成

　横浜市では、初任者研修、初任2年目・3年目研修により、採用からの3年間で初任者の育成を図っている。それと同時に、校内のメンターチームによる育成を行うことで、授業力や児童生徒理解力の向上、より身近な教育課題の解決方法や校務分掌において必要となる力の習得などを日々の教育活動を通して積み重ねていくことができる。この初任者研修、初任2年目・3年目研修とメンターチームで培う力を結びつけて、経験の浅い教職員の育成に取り組むことは、人材育成をより確かにすすめることにつながる。

　例えば生麦小学校では、授業力・学級経営力を培うために、校内研究とは別にメンターチームのメンバーが1人年1回の研究授業を実施している(p.36)。授業後の主幹教諭や10年次教員からの助言や講師の指導による学びが多いのはもちろんのこと、授業に向けた指導案検討や模擬授業で、よりよい授業をつくるために互いに意見を出し合う過程においても、授業力向上につながる学びをしている。また、自分の担当学年や担当教科以外の授業をより多く参観することで、経験の浅い教職員にとって、指導方法を学ぶよい機会となっている。さらに、学級経営がしっかりとできていないとよい授業が行えないことを実感することで、学級経営にもより力を入れて、取り組むようになった。

　また、中丸小学校では、「あゆみ」(学期末に渡す通知表)の作成や個人面談の在り方について研修を実施した(p.42)。これらは、初任者にとっては初めてのことだけに、どのようにしたらよいのか誰もが不安に思っていることである。そうした初任者が不安に思うことや悩んでいることを取り上げて学び、その解決を図ることで、自信を持って臨めるようになっている。また、悩んだときにいつでも相談できる同僚がいることは、安心感にもつながっている。

　このように、各校の実情に合わせてメンターチームで取り組む内容や方法を臨機応変に工夫しながら、さまざまな角度から実施することで、経験の浅い教職員の育成に大きな成果を生み出している。そして、メンターチームで力量を高めた教職員が、自分の経験を生かしながら、後にメンターチームのリーダーとして活躍していくことになる。

2　校内組織の中核となるミドルリーダーの育成

　10年次前後の教職員は、身に付けた基礎能力を活用し、自己の教職員としての力量向上を図ると同時に、校内組織での中核として、学校全体に視野を広げて学校運営に取り組むミドルリーダーとしての活躍が期待されている。

　メンターチームにおいても、10年次教員研修のファシリテーション研修で学んだことを生かして、ファシリテーターとして協議の推進役を務めたり、チームの企画・運営のよき相談役として関わりながら、経験の浅い教職員の育成に当たっている。第2章では生麦小学校がその例に当たるが（p.36）、市内の多くの学校で実践されている。また、主幹教諭がメンターチームに関わることも多くあり、主幹教諭から経験の浅い教職員の育成の手だてや集団をまとめる手法などを学び、ミドルリーダーとしての自覚を高めるとともに、実践化を図り、成果を上げている。この成果は、10年次教員研修における校内研修での人材育成に関する研修報告にも述べられている。

> 「10年次教員研修報告書」より
> **メンターチームでの道徳摸擬授業**
>
> 「自分が教師役となり、メンターチームのメンバーに子ども役をやってもらうことで、心を揺さぶる発問や板書の大切さ、動作化や役割演技の効果などを体験してもらった。授業後には、よりよい発問について、メンバー全員で考えることができた。明日からの授業に役立てたいという声を聞くことができ、うれしかった。また、自分自身も日ごろの授業を振り返り、改善を図ることができた」

3　教職員のリーダー・主幹教諭の育成

　主幹教諭は、管理職を補佐する立場として組織をまとめ、教職員の職務能力向上に積極的に関わるリーダーである。人材育成においても、各キャリアステージに応じた研修に関わったり、一人一人の教職員を支援したりしながら、学校全体のバランスの取れた人材育成を行う要として期待されている。もちろんメンターチームでも、主幹教諭の関わりは大変重要である。

【主幹教諭の関わりの重要性】
・管理職の人材育成ビジョンを理解し、それに基づいてメンターチームの活動が円滑にすすむようにする。
・メンターチームのメンバーだけでなく、メンターチームと関わる教職員育成にも取り組む。

・充実した研修となるように、メンターチームにおいて的確な指導・助言を行う。

　メンターチームと主幹教諭との関わり方は、メンターチームの設置経緯や活動年数などによって違いはあるが、各校の実情に応じた方法で行うことが、最も効果がある。
　東鴨居中学校では、初任者をはじめとする経験の浅い教職員のために、全教職員のバックアップ体制づくりの一環として、主幹教諭をリーダーとしたスペシャルチームを設立した(p.64)。全教職員の経験年数を考慮してチームを編成し、経験の浅い教職員のために、授業力向上、マネジメント、教職員規律の視点から研修を組み立てている。これらを企画・運営する主幹教諭たちは、学校を取り巻く状況を正確に把握するとともに、経験の浅い教職員のニーズにも応えながら計画し、実践に向けて動いている。まさに、このチームを通して、自己の人材育成力やマネジメント力、連携力の向上を培っている。
　また、矢向小学校では、主幹教諭がメンターチームのコーディネーター役を担っている。メンターチームでどのような内容を学ぶかを考えて、コーディネートするだけでなく、全職員にも研修内容や活動の様子がわかるように、手書きのメンターチーム報告を作成し、配付している(p.58)。こうしたメンターチームの活性化と教職員全体の一体感を全体を見渡しながら考えて行動する姿からは、主幹教諭としての大切な役割であるリーダーシップやマネジメントなどが見えてくる。

[参考]
① **主幹教諭の位置付け**
　横浜市では、「横浜市立学校の管理運営に関する規則」に基づき、平成18年4月1日に主幹教諭を置いた。「学校教育法改正」により、21年4月1日に主幹教諭の位置付けが明確化された。
【主幹教諭の根拠法令等】
　〇横浜市立学校の管理運営に関する規則(平成17年12月21日一部改正、18年4月1日施行)
　〇学校教育法第37条第2号(平成20年4月1日改正施行)

② **主幹教諭の役割**
　主幹教諭は、管理職を補佐し学校組織を強化するという職責や、教職員間の連携、協力を推進する役割を担うとともに、校内研究の推進や、教育課程管理、児童生徒指導、人材育成の能力を向上させることを役割とする。
【主幹教諭の職務】
　〇横浜市立学校の管理運営に関する規則第14条の3
　主幹教諭は、校長及び副校長の監督を受け、次に掲げる職務を行う。
　(1)校長及び副校長の学校運営の補佐に関すること
　(2)部の統括に関すること
　(3)教諭等の職務遂行能力の向上に関すること

4 知識と指導技術を持つ、ベテラン層の育成

経験の浅い教職員の中には、メンターチームの活動の中で、教職員としての専門性を学びたいと思っている人も多い。この期待に応えるべく、アドバイザーや講師として活躍するのが、長い経験の中でさまざまな知識と指導技術を身に付けてきたベテラン層の教職員である。

> **教職経験力活用研修報告書における校長のコメント**
>
> 「研修で学んだ専門性（音楽）を学校全体や学年行事等に生かして、学習効果を上げるとともに、経験の浅い教員への助言を積極的に行った。今後も経験の浅い教員はもとより、全教員にかかわり、教員全体の力量向上に力を発揮してほしい」

盲特別支援学校では、学校の特徴からも高い専門性が要求される。そのため、初任者や転任者は、少しでも早く専門的知識や指導力を身に付け、教育活動を充実させたいと思うのである。そこで、盲特別支援学校では、ベテラン層の教職員が、初任者や転任者を対象に講師を務め、専門性の維持・継承がなされている（p.76）。

また、保土ケ谷小学校でも、メンターチームのメンバー全員でベテラン層教職員の授業参観をしたり、研修内容に応じて、その道に長けた教職員が講師となって学んだりしている。それにより、経験の浅い教職員の専門性の向上に大きな成果を上げている（p.50）。

このように、ベテラン層教職員がメンターチームに関わることで、経験の浅い教職員の専門性の向上を図ることができる。また、ベテラン層教職員との人間関係が深くなり、日常の教育活動でも気軽に相談できる良好な関係づくりもなされている。さらに、ベテラン層教職員自身も後輩を育てる自覚が高まり、さらなる学校運営への参画意識向上へとつながっていく。また、後輩を育てることを通して、今一度自分を振り返り、自己開発にもすすんで取り組もうとする意欲へと結びつけていく。すなわち、メンターチームに関わることで、ベテラン層教職員の人材育成もすすめられていくのである。

5 人材育成を円滑にすすめる、管理職のマネジメント

メンターチームとそこに関わる全教職員の人材育成について述べてきたが、それが円滑にすすむためには、管理職のマネジメントが大きく影響する。

校内の人材育成についてのビジョンと具体的な方策を持ちながら、各キャリアステージに応じ

て一人一人の人材育成をどのように図っていくか、それは管理職のマネジメントにほかならない。メンターチームに関しても、メンターチームをどのように設置するか、また経験の浅い教職員の育成だけではなく、他の教職員をどのように関わらせ、どのように機能させていくかなど、現状把握と描くビジョンの実現に向けた取り組みを効果的にマネジメントしていくことが大切である。

> 〈上矢部小学校　校長談〉
>
> 「……経験の少ない教員にも、校務分掌に責任を持たせるようにしています。会議や打ち合わせの中で話をしたり、提案したりすることは、大きな自信や自覚を持つことにもつながっていくと思います。これも人材育成の1つだと私は思っています……」

　例えば戸塚高校では、学校の将来的な展望を検討する場にも経験の浅い教職員が参加し、将来構想や教育課程について自分の考えを述べたり、周囲の意見を聞いたりできるようにすることで、資質能力の向上を図っている（p.70）。

　また、上矢部小学校では、経験の浅い教職員にも主任などの役割を任せ、責任を持ってその役割を果たし、仕事をすることを通して人材育成をすすめている。さらに、主幹教諭が人材育成における校長の思いを共有し、メンターチームのコーディネーターとして活躍できる環境を整え、経験の浅い教職員と関わる中で、主幹教諭としての資質能力の育成を図っている（p.82）。

　人をつくり、人を動かすために、管理職は自己のリーダーシップとマネジメント力を磨くことが大切である。

3.「育成の風車」

　前項では、メンターチームと全教職員の人材育成について述べたが、改めて校内の人材育成について目を向けてみる。

　横浜市では、校内における人材育成を「風車」に例えている。それは、1枚1枚の羽根を各キャリアステージにおける人材育成ととらえ、どこからでも風が当たれば、校内すべての風車は回り始め、人材育成が動き出すことを表している。

　この「育成の風車」(図表5-1)が回り続けることにより、学校組織内の人材育成が図られ、個々の人間性や専門性が向上する。さらに、教職員同士の関わりが密になり、教職員間の「タテ」と「ヨコ」の関係が深まり、良好な人間関係の構築がなされる。このことは、自然と互いに個々の力量を高め合うことにつながる。そして、その力の積み重ねにより、組織全体の連携力や対応力などの向上や質の高い教育活動の実践が図られ、学校力向上に結びついていくのである。

　では、「育成の風車」を回すための風は、どのように起こしたらよいのだろうか。それは、管理職の人材育成の計画に基づいたマネジメントの中で、いろいろな仕掛けや仕組みづくりによっ

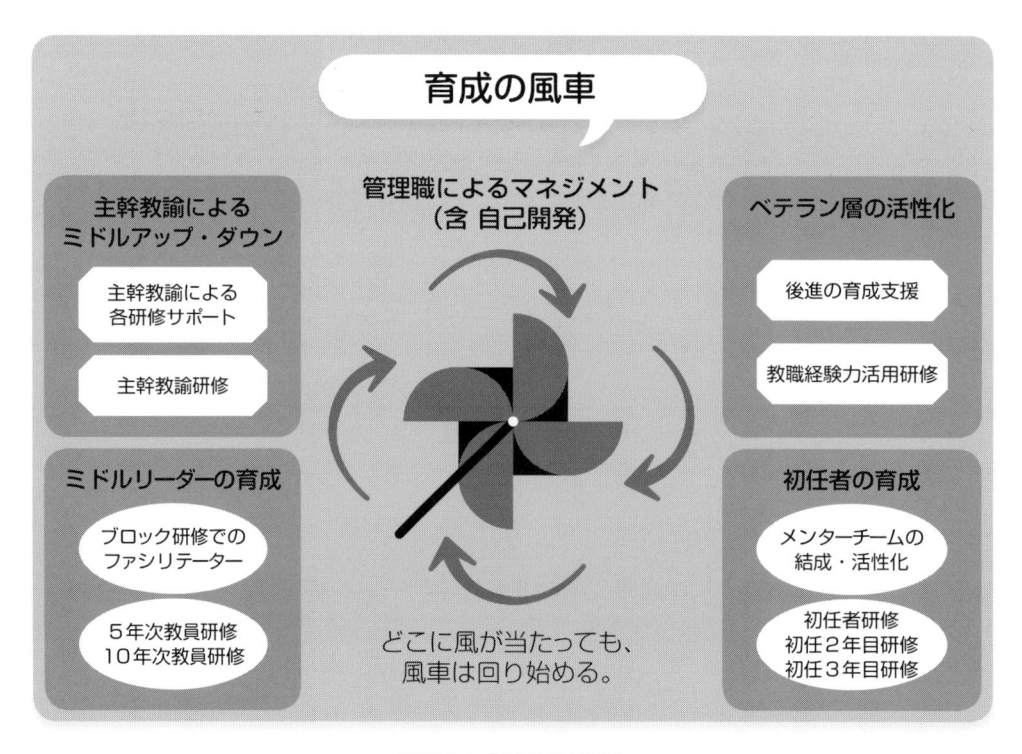

図表5-1「育成の風車」

て生まれてくる。例えば、児童生徒指導や教科等指導において、優れた指導技術を持った経験豊かな教職員に学ぶ機会を設けることで、経験の浅い教職員の指導技術を磨くと同時に、経験豊かな教職員の校内における人材育成への積極的な参画を促すことなどが挙げられる（図表5-2）。また、校外のキャリア開発研修で学んだことを校内でも生かす場を設定し、OJTでさらに力量を高めていくことなども考えられる。

そして、生まれた風を確かに持続する風にするためには、学校全体としての人材育成について理解しながら、教職員をまとめ、的確な助言で教職員をリードする主幹教諭の存在を欠かすことはできない。主幹教諭は、各キャリアステージの人材育成に関わり、より円滑に風車を回す重要な役割を担っている。

それでは、この風をどこに当てたらよいのだろうか。

前述したように、どこに風を当てても風車は回るため、ここでなくてはいけないということはない。各校の実情に応じて選択することになる。横浜市としては、特に経験の浅い教職員の早期育成を図るためにメンターチームの活性化をすすめている。多くの学校でメンターチームを設置したり、機能を充実させたりして、初任者および経験の浅い教職員の育成に風を当てて、「育成の風車」に勢いを与えている。

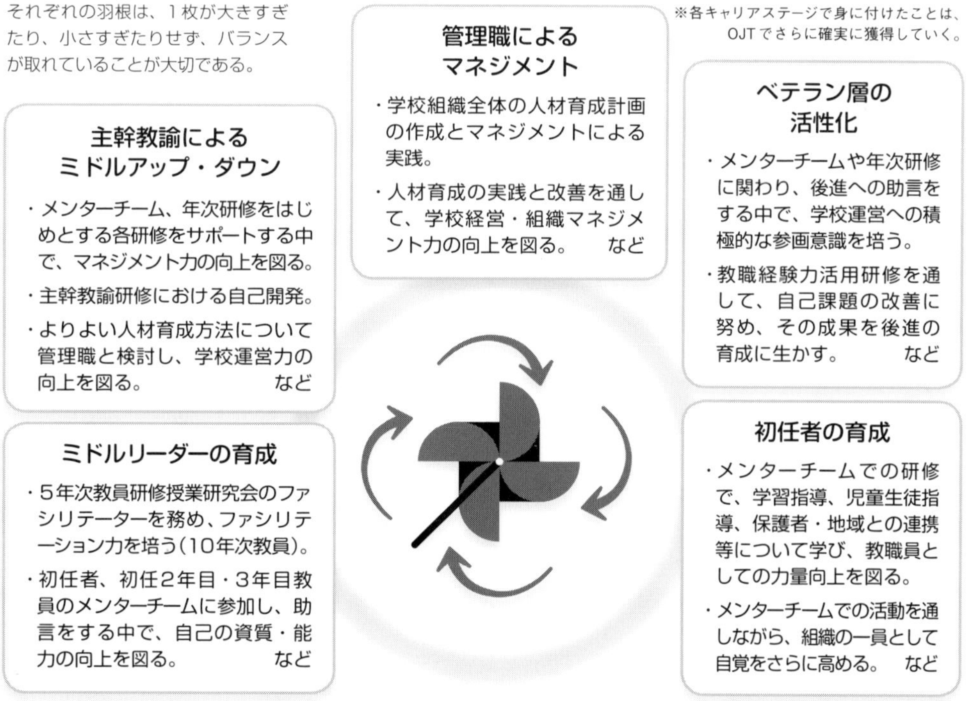

それぞれの羽根は、1枚が大きすぎたり、小さすぎたりせず、バランスが取れていることが大切である。

※各キャリアステージで身に付けたことは、OJTでさらに確実に獲得していく。

管理職によるマネジメント
・学校組織全体の人材育成計画の作成とマネジメントによる実践。
・人材育成の実践と改善を通して、学校経営・組織マネジメント力の向上を図る。　　など

ベテラン層の活性化
・メンターチームや年次研修に関わり、後進への助言をする中で、学校運営への積極的な参画意識を培う。
・教職経験力活用研修を通して、自己課題の改善に努め、その成果を後進の育成に生かす。　　など

主幹教諭によるミドルアップ・ダウン
・メンターチーム、年次研修をはじめとする各研修をサポートする中で、マネジメント力の向上を図る。
・主幹教諭研修における自己開発。
・よりよい人材育成方法について管理職と検討し、学校運営力の向上を図る。　　など

ミドルリーダーの育成
・5年次教員研修授業研究会のファシリテーターを務め、ファシリテーション力を培う（10年次教員）。
・初任者、初任2年目・3年目教員のメンターチームに参加し、助言をする中で、自己の資質・能力の向上を図る。　　など

初任者の育成
・メンターチームでの研修で、学習指導、児童生徒指導、保護者・地域との連携等について学び、教職員としての力量向上を図る。
・メンターチームでの活動を通しながら、組織の一員として自覚をさらに高める。　　など

図表5-2　キャリアステージに応じた育成例

4. メンターチームと組織マネジメント
メンターチームの可能性

　校内の人材育成の活性化に向けて、「育成の風車」を意識し、メンターチームによる初任者を中心とした経験の浅い教職員の育成に「風」を当て、積極的に取り組む学校が多くなっている。このメンターチームによる人材育成は、学校の校内組織に息吹を与え、学校経営上も有効な手だてとなっている。

　実際に、年間を見通した横浜市立学校の中期学校経営計画では、メンターチームによる人材育成を掲げている管理職は多い（図表5-3）。それだけ、このメンターチームによる人材育成への期待が大きいことがわかる。多くの管理職は、メンターチームを立ち上げ、その活用をきっかけに、継続的に人材育成をしていきたいと期待していることがうかがえる。

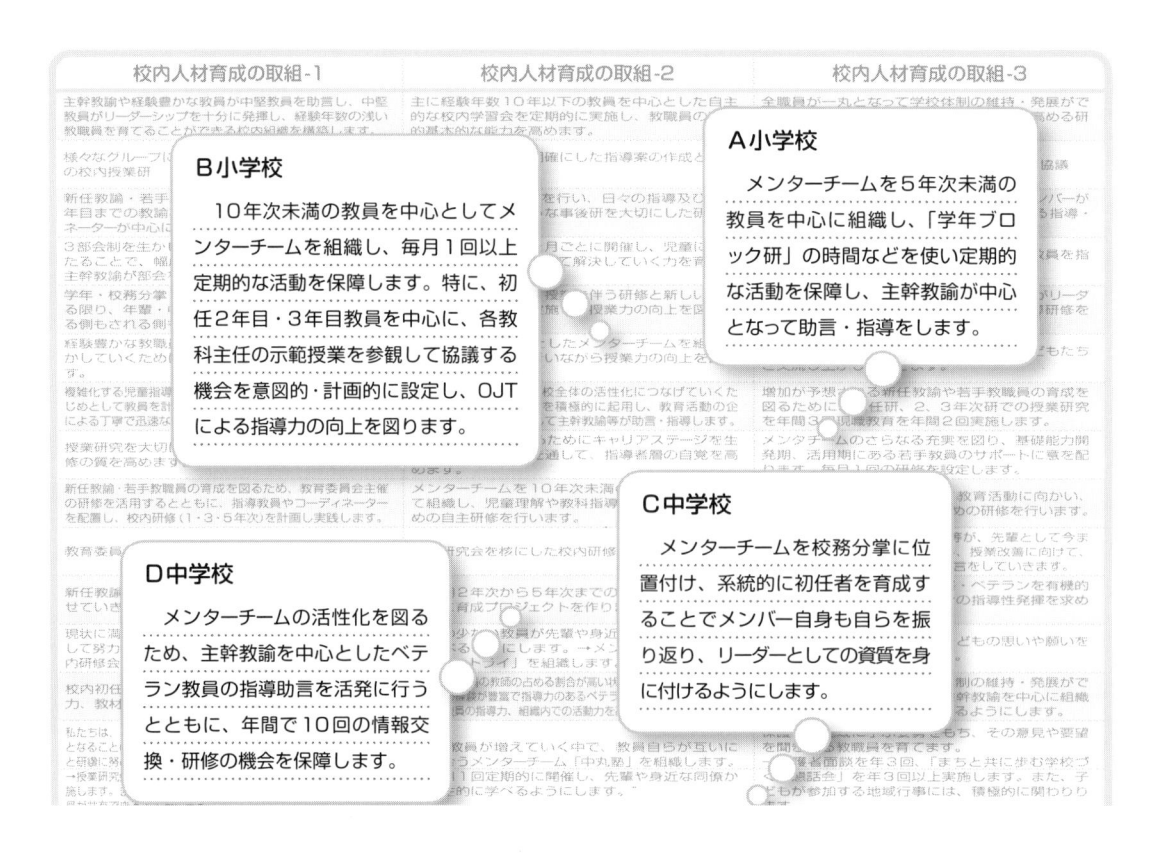

B小学校
　10年次未満の教員を中心としてメンターチームを組織し、毎月1回以上定期的な活動を保障します。特に、初任2年目・3年目教員を中心に、各教科主任の示範授業を参観して協議する機会を意図的・計画的に設定し、OJTによる指導力の向上を図ります。

A小学校
　メンターチームを5年次未満の教員を中心に組織し、「学年ブロック研」の時間などを使い定期的な活動を保障し、主幹教諭が中心となって助言・指導をします。

D中学校
　メンターチームの活性化を図るため、主幹教諭を中心としたベテラン教員の指導助言を活発に行うとともに、年間で10回の情報交換・研修の機会を保障します。

C中学校
　メンターチームを校務分掌に位置付け、系統的に初任者を育成することでメンバー自身も自らを振り返り、リーダーとしての資質を身に付けるようにします。

図表5-3　メンターチームによる人材育成を自校の中期学校経営計画に位置付けている例

今後、メンターチームによる人材育成を学校経営方針に位置付けた取り組みがさらにすすめば、「育成の風車」が円滑に回り、校内の全教職員の人材育成がますます図られていく。
　また、メンターチームが活性化することで、育成の目的に応じて、構成メンバーを変えたり、校内組織づくりもメンターチームを基盤としたものが行われたりするなど、各校の状況に応じた活用方法も生まれてくるに違いない。さらには、小中一貫教育推進ブロック内の小学校と中学校が連携してつくるメンターチームの誕生など、さまざまな取り組みが期待される。そして、これらの活動の取り組みに関する情報は、各校のメンターチームの在り方を考える大きなヒントとなり、改善へとつながっていくと考える。

　ここまで、メンターチームによる人材育成の効果と今後の期待について述べてきた。人材育成とは、人と人との関わりの中で行われることを忘れてはならない。仮に人材育成の過程で、時に厳しく指導をしても、そこに良好な人間関係があれば、指導された教職員も「指導されてよかった、次も教えてもらいたい」と思えるのである。また、指導した教職員も、「もっと自分自身が指導する内容を学んでおかなくてはいけない」「もっと上手に指導できるようにしなくてはいけない」と、さらに自己開発に努めるようになるのである。
　このようにメンターチームには、経験の浅い教職員の育成と全教職員の自己開発を含む人材育成だけでなく、教職員の良好な人間関係づくりを図ることも期待できる。そして、日々児童生徒のために、協働して、よりよい教育活動を展開する原動力となる可能性を持っているのである。

> 発刊に寄せて

「メンターチーム」の意義

国立教育政策研究所 研究企画開発部 総括研究官　千々布　敏弥

「授業力向上の鍵」から始まった

　私と横浜市教育委員会との交流は、平成17年以来になる。同年に横浜市教育センターが「ワークショップ方式を中心にした授業研究の在り方」として調査研究をスタートしたときに、研究会のメンバーとなるお誘いをいただいた。

　横浜市の研究は、「授業力向上の鍵」（平成18年3月）、「授業力向上の鍵2」（19年3月）、「授業力向上の鍵3」（20年3月）と進展し、21年に『授業力向上の鍵──ワークショップ方式で授業研究を活性化！』を時事通信社より刊行した。

　「授業力向上の鍵」は、ワークショップ方式による授業研究会の活性化方策をまとめた研究だ。近年は、多くの教育センターが授業研究に関する手引き書の類を作成するようになっている。私が調査したところでは、各都道府県および指定都市立教育センターの研究成果のうち、授業研究に関する研究成果物は、平成15年に1件、17年に2件であったのが、18年5件、19年8件、20年10件、21年5件となっている。

　授業研究に関する研究成果物の内容を分析した倉田寛氏によると、横浜市が「授業力向上の鍵」を公表した平成18年以降の研究成果物には、ワークショップ方式が記述されているものが多く、参考文献に横浜市の報告書を挙げている（倉田寛「教育センターによる授業研究マニュアルに関する考察」『国立教育政策研究所紀要』第139集、国立教育政策研究所、2010年）。

　全国教育研究所連盟は、平成18年から20年まで「実践的な指導力の向上を図るこれからの教員研修の在り方」をテーマとして、共同研究に取り組んだ。経験者研修から校内研修までを対象にしたが、最も力点をおいているのが授業研究であり、ワークショップ方式を中心に記述されている。

　全国教育研究所連盟の共同研究では、研究対象としてワークショップ方式を取り上げるだけでなく、研究集会の運営方法もワークショップ方式とした。加盟機関の研究報告のたびに参加者が付箋に記入し、模造紙に貼り付ける。付箋が貼られた模造紙を基に参加者が協議することで、短い時間で多くの情報を交換することが可能になった。

　横浜市が生み出したワークショップ方式は、このように教育界に広まりつつある。

横浜市の強みと学校文化

　「授業力向上の鍵」に関する協議は、年に数回、横浜市教育センターで開催された。教育センターの研究会にメンバーとして参加するのは初めてだった。大学における研究会とは異なる雰囲気に、最初は戸惑った。

　今になって思うと、「授業力向上の鍵」に関する協議では、校内研究と同じ雰囲気で研究が進行していたということだ。校内研究の場合、研究テーマの設定に一苦労する。研究者の研究であれば、テーマを決定した後にそのテーマにふさわしい研究者が招聘されるが、校内研究も教育センターの研究も、研究テーマの設定の前に組織ができている。だから、研究テーマは組織成員の合意を得られるものにしないといけない。これが、校内研究でも、教育センターの研究でも悩ましいところだ。テーマを統一することに苦労するだけではない。研究の進行管理も難しい。テーマを統一しても、個々の教師の取り組みは異なる。どの部分を共通のものととらえて歩調を合わせるように依頼するか、また、どの部分を個の選択に委ねるか、バランス感覚が求められる。校内研究のリーダー（通常は研究主任）が遠慮してばかりいると、協調体制が取れなくなるし、リーダーの主張が強すぎると、教師たちの気持ちが離れていく。

　合意を得ることや協調体制を維持することが難しいからと、統一テーマではなく、個別テーマで研究を推進している学校や教育センターもある。その方法で、ある程度の成果が得られる事例もあるが、平均すると、統一テーマを設定して取り組む方がいい成果が生まれやすい。

　統一テーマの必要性は、実は、私自身はあまり感じていなかった。ところが、国立教育政策研究所が平成22年に全国の小・中学校、高等学校を対象に実施した「校内研究等の実施状況に関する調査」によると、統一テーマを設定している学校が小学校98.7％、中学校90.7％、高校（公立）35.0％、高校（私立）20.8％となっている。中学校においては、統一テーマを設定することが、学校の水準向上に役立っている。

　この調査結果を得て以来、私は校内研究に参加する際には、研究内容や授業の様子だけでなく、組織の状況を観察することを心がけている。

　そのように心がけるようになってから気付いたのだが、学校であれば、研究主任は、研究内容よりも、研究会の雰囲気を盛り上げることに、大変気を使っている。最初はお互いを気遣う教師集団の特性だろうと思っていたが、そうではない。研究をすすめる上で非常に重要なことだと思うようになった。

　同じ目線で「授業力向上の鍵」の際の研究会の様子を思い起こすと、研究推進の担当者は、研究会全体の雰囲気を高めることにずいぶんと気を使っていた。私としては、研究内容の方にばかり意識がいくのだが、研究推進担当者は、それを他のメンバーに伝えた際の影響を気にすること

が多かった。今思うと、ずいぶんかわいそうなことばかり言っていたと反省する（今でも反省すべきことは多いが）。

横浜市教育センターの皆さんは、私の自分勝手な意見を、時には真正面から受けとめながら、時にはうまくかわしながら、交流を続けていただいた。

彼らの雰囲気は、レベルの高い研究校の雰囲気と一緒だった。

彼らを育む土壌は、研究校での勤務経験にあるはずだ。指導主事の多くが研究校の勤務経験を持っている。横浜市の研究校の水準は総じて高い。

彼らの出身校の研究会を参観させていただいたことがある。夕方4時に始まった指導案検討会が、夜8時まで続いていた。その間、検討したのは指導案2本だけ。3本の指導案を検討するときは夜10時までかかることもあるという。そこには、よい授業をつくろうという、共通の課題意識が感じられた。

横浜市の指導主事を育む土壌のもう1つとして、教科研究会が挙げられる。横浜市では教科研究会の活動が盛んだ。教師のほとんどが教科研究会に所属し、研究に取り組んでいる。市全体の組織を小学校教育研究会、中学校教育研究会と称し、各研究会の下位部会として、国語、社会、算数などの教科等研究部会が組織されている。市全体で水曜日午後を教科研究会活動に取り組む日とし、第1水曜日は市全体の研究会、第2と第3水曜日は区の研究会、第4水曜日は臨時の会合に充てる日と位置付けられている（主に小学校の例）。横浜市の教師は、水曜日に開催される教科研究会とそれとは別に実施されている校内研究によって、授業力を向上させている。教師が自らの授業力を向上させる場として、教科研究会を強く意識していることは、横浜市教育センターが平成17年度に行った調査からも明らかだ（「授業力向上の鍵」18年3月）。教科研究会の土壌から、指導主事の一部が輩出されている。

研究校勤務と教科研究会を通じて鍛えられた彼らの、授業を見る目は鋭い。彼らと一緒に学校の授業を参観すると、こちらが学ばされることばかりだ。子どもの動き、表情を驚くほど細かいところまで観察している。単元に関する考えも深い。

横浜市の指導主事の力量は高い。力量の高い者同士でも、いや、そうだからこそ、テーマを統一したり、歩調を合わせたりすることは難しいはずだ。

今にして思えば、「授業力向上の鍵」の際の研究リーダーは、足並みが乱れがちな教育センターの指導主事たちを見事に統率し、1つの成果にまとめていった。

その彼らが、次の新しいテーマに取り組むことになった。

「メンターチーム」について研究するチーム

「授業力向上の鍵」研究グループが、今度は「メンターチーム」をテーマとした研究に取り組む

こととなった。前回の研究リーダーは異動し、新しいリーダーが2名任命された。2名の新しい研究リーダーは、見事に息を合わせながら、それまでのリーダーシップとは異なるリーダーシップで研究会の雰囲気を盛り上げていた。

　研究会の進行をワークショップ方式で実施することは、「授業力向上の鍵」から引き継いでいる。ワークショップの流れがスムーズになっていた。リーダーの表情が明るい。テンポよく研究会が進行していた。

　研究会の流れだけではない。個々の指導主事の研究力量が上がっていた。『授業力向上の鍵』の際は、学校に依頼していた章を、今回はすべて指導主事が執筆している。その方が平仄も合うし、研究テーマであるメンターチームの意義を表現しやすいと考えたからだろう。また、研究協力校に個々の指導主事が密接に関わったことから、学校の様子を執筆できるようになったとも考えられる。

　研究の当初は、メンターチームの意義がわかりにくかった。私は、ここでメンターチームの意義を改めて解説する必要があると思っていた。ところが、最後の研究会で示された原稿には、私がそれまで課題と感じていたメンターチームの意義を、きちんと先行研究を交えながら解説されていた。実は、ここでは第1章で記述されているような、メンターチームの意義を解説することで、求められるページ数を埋めようと思っていた。ところが、第1章できちんと解説ができている。私が構想していた内容よりもいい。完敗だ。

　第1章だけではない。他の章も、私が1カ月ほど前に指摘した課題について、きちんと修正を行って原稿が提出されていた。『授業力向上の鍵』のときよりも、原稿のまとまり方の水準が高く、進度が速かった。

　かくして、ここでは、本書を執筆するに至った研究グループの高まり方について紹介することを主眼とすることとした。それまで用意していた原稿は、破棄した。提出が遅れて迷惑をかけたが、仕方ない。

「人材育成指標」の意義

　第3章で紹介されている、「人材育成指標」の意義については、若干の解説を加えたいと思う。第3章に不満があるというわけではない。蛇足かもしれないが、横浜市が策定した人材育成指標の意義を、第3章とは別の観点から解説しておきたい。

　平成元年改訂の学習指導要領に基づく教育課程から、児童生徒の評価は目標準拠評価で行われている。それ以前から観点別評価はそうなっていたが、評定まで含めて目標準拠評価となったことで、目標準拠評価によって児童生徒の学習の成果を評価する方向性は決定的となった。

　学習指導要領は、各学校が編成する教育課程の基準として国が告示しているものである。公教

育の教育内容について、最低限の基準を示すものとなっている。

　学習指導要領に基づく教育課程を履修すれば、すべての子どもが教育基本法や学校教育法が規定する教育の目的や目標を達成することができるのか。そうではないが故に、従前の児童生徒の評価は、集団準拠評価で行われていた。パッケージ化された教育内容を子ども集団に教授すれば、子どもの学ぶ能力や教師との関係など、個別の要因により、子どもが獲得できる学力は異なってくる。そこで、個々の子どもが獲得できた学力については、クラス集団の学力分布を基準とした位置付けで評価することとしてきた。

　ところが、公教育の目的からすれば、保障すべきは子どもに教授する内容ではなく、子どもが獲得できる能力の方となろう。

「教育は、人格の完成を目指し、平和で民主的な国家及び社会の形成者として必要な資質を備えた心身ともに健康な国民の育成を期して行われなければならない」　　　（教育基本法 第1条）
「義務教育として行われる普通教育は（中略）次に掲げる目標を達成するよう行われるものとする。　1　学校内外における社会的活動を促進し、自主、自律及び協同の精神、規範意識、公正な判断力並びに公共の精神に基づき主体的に社会の形成に参画し、その発展に寄与する態度を養うこと」　　　　　　　　　　　　　　　　　　　　　　　　　　　　（学校教育法 第21条）

　こうした規定は、教育内容の基準を必然とするものではなく、むしろ、このような目標規定に基づきながら、学校としての教育目標、学年別・教科別の達成目標、個々の子どもの達成目標を設定した方が、妥当なはずだ。

　目標準拠評価の考え方は、定められた教育内容を教えればいいということでなく、子どもに求められる学力を段階ごとに確実に身に付けさせることを求めている。

　もちろん、学校としては、目標を達成するために教育課程を策定する必要がある。しかし、それは目標を達成するための手段であって、それ自体を目的としているわけではない。「私は一生懸命教えているんですが、生徒がついてこないんです」という言葉は、教師にとっても、学校にとっても、許されないことである。

　教育内容を管理するのではなく、子どもに獲得された能力を管理する姿勢が強くなれば、学校は、子どもに到達させるべき目標を設定し、その目標の達成状況を評価して、学校そのものの教育活動や経営活動を見直す必要が出てくる。それが学校評価となる。平成18年の学校教育法改正で学校評価に関する規定が設けられたのは、目標準拠評価の流れと通底している。

　教師の資質も同じように考えることができる。

　教師の資質については、養成、採用、研修の各段階の組み合わせで担保される、と考えられて

いる。養成段階は教育職員免許法により、教職課程の認定を受けた大学の履修を通じて教員免許状が授与される。教育職員免許法は国としての教職課程の内容基準を示している。しかし、教職課程を履修して教員免許状が受容される段階の者がどのような力量を持っているのかについては明確な規定がない。

　教員研修の内容については、教育公務員特例法で実施が義務付けられている初任者研修と10年経験者研修については、国がその内容の基準を通知で示している。それ以外に、任命権者の判断で実施される研修については、「……研修に関する計画を樹立し、その実施に努めなければならない」（教育公務員特例法　第21条）と規定されている以外に、内容面の基準も、到達度の基準も示されていない。

　教師に対して研修の機会を提供する義務のある教育委員会は、研修計画を樹立し、研修プログラムを策定している。それは、教師の力量到達目標を設定して組んだ力量向上プログラムというよりも、法律や国の通知に基づいて体系化したプログラムという文脈が強い。

　学校に対して、その目標達成度を評価することを求めるのであれば、個々の教師の力量についても、免許取得段階と、その後の職務経験を積むにしたがって伸びているであろう現職研修の段階それぞれで、評価する必要が出てこよう。

　横浜市が策定した「人材育成指標」とは、教師に求められる資質能力を市独自に規定したものと言える。現職研修の市としての基準を、「教える内容」という観点でなく、「育つ力（到達度）」に焦点を当てて設定している。教育課程に例えると、内容面の基準である学習指導要領でなく、児童生徒の学習成果を評価するために、国立教育政策研究所が策定している「評価規準の作成のための参考資料」に相当するのが、横浜市の人材育成指標と言えよう。

　つまり、一定の研修プログラムを受講させればいいというのでなく、求められる力量を身に付けるような研修を受講させるという考え方を示している。

　教師の到達度を第一に考えると、研修プログラムの内容は、教育センターにおける集合研修であるか、校内研修であるか、それ以外の機会であるかの違いは、あまり問題でなくなる。どのようなプログラムを受講してもいいから、求められる力を獲得できればいいのだ。

　そして、教師の力量向上にとって、校内研修の位置付けは大きいこと、学校としての課題を解決する中で教師の力量が育まれていくこと、特に若い時期の経験が大きく影響することなどを考えると、このたびの「メンターチーム」の意義が導かれてくる。

　横浜市のこのたびの試みは、全国の現職研修の在り方を一変させる可能性を秘めている。

おわりに

「教員は最大の教育環境である」と言われます。

この言葉は、まさに教育の営みにおける教員の使命と役割、責任の大きさを物語っています。

昨今、学校教育を取り巻くさまざまな課題や保護者、市民からの多様なニーズのもと、教員には、教職にかける情熱と教えるプロとしての専門性、そして総合的な人間性といった、確かで豊かな力量が求められています。その意味で、教員の能力開発と人材育成は、学校における教育機能向上と組織力向上のための大きなポイントとなっています。

横浜市では、平成18年度より学校内での人材育成システムとして、「メンターチーム」などの設置を推奨してきました。「教員は現場で育つ」の言葉の通り、人材育成機能の鍵は学校にあります。市内各学校では、それぞれの人的環境の中で、メンバー相互の関係性づくりを重視してメンターチームを組織してきました。もちろん、メンターチームと銘打たないものの、既存の組織やチームがメンターチームとしての機能を果たしている学校も多くあります。

これまでも各学校では、それぞれの専門性を生かし合い、キャリアや経験を超えて、技やノウハウといった指導技術や子どもの見方、指導の在り方といった「子ども観」や「指導観」など、いわゆる「観」を教員間で伝承し続けてきました。大切なのは、人が人に関わり、教員としての自己開発を支え合い、精神的にも支援し合える組織風土づくりです。本書で取り上げた学校をはじめ、多くの市立学校では、この「メンターチーム」の取り組みの中で、新採用者はもちろんのこと、ミドル層やベテラン層に「育成の風」が起こり始め、その効果が確認されてきています。また、横浜市で策定した「人材育成指標」とも連動し、「メンターチーム」による人材育成への波及効果も大きいものとなっています。横浜市がすすめる「メンターチーム」は、学校以外の組織などがすすめる公的メンター制度の課題を克服する可能性も秘めており、今後は、人材マネジメント機能としてさらなる発展も期待されます。

ぜひとも、横浜市の取り組みを見つめる中でご意見もいただき、環境は違っても、これからの組織における人材育成の在り方を共に考えていくきっかけにしていただければと存じます。

末筆となりましたが、ご協力いただきました横浜市立の各学校、常に横浜市の研究に貴重な御示唆をいただきました、国立教育政策研究所 研究企画開発部・千々布敏弥総括研究官に、厚く御礼申し上げます。

平成23年3月
横浜市教育委員会事務局 教職員人事部長　伊藤　保則

参考文献

乾丈太・有倉巳幸「小学校教師のメンタリングに関する研究」『鹿児島大学教育学部教育実践研究紀要』第16巻（鹿児島大学教育学部附属教育実践総合センター、2006年）

小野達郎『「社内メンター」が会社を変える―部下の本気とやる気を引き出し、売上げを伸ばす』（同文舘出版、2006年）

キャシー・クラム著、渡辺直登・伊藤知子訳『メンタリング―会社の中の発達支援関係』（白桃書房、2003年）

佐藤学『教師花伝書―専門家として成長するために―』（小学館、2009年）

福島正伸『メンタリング・マネジメント―共感と信頼の人材育成術』（ダイヤモンド社、2005年）

守島基博『人材マネジメント入門』（日経文庫、日本経済新聞社、2004年）

渡辺三枝子・平田史昭『メンタリング入門』（日経文庫、日本経済新聞社、2006年）

協　力

国立教育政策研究所　研究企画開発部　総括研究官　　千々布敏弥
横浜市立生麦小学校　　　　校長　　高田俊道
横浜市立中丸小学校　　　　校長　　木村昭雄
横浜市立保土ケ谷小学校　　校長　　谷口義武
横浜市立矢向小学校　　　　校長　　黒木平凡
横浜市立東鴨居中学校　　　校長　　西　嘉之
横浜市立戸塚高等学校　　　校長　　永野和行
横浜市立盲特別支援学校　　校長　　田辺政美
横浜市立上矢部小学校　　　校長　　佐藤　実

編　著

山田　巧（横浜市教育長）
伊藤保則（横浜市教育委員会事務局　教職員人事部長）
平本正則（横浜市教育委員会事務局　教職員育成課長）
冨士田美枝子　　小川寛文　　　前田崇司　　　金子正人
田中昌彦　　　　川村雅昭　　　住本　宏　　　長島和広
北村髙則　　　　佐藤真理子　　三藤あさみ　　安冨江理
杉田千鶴子　　　古橋淳二　　　品田陽平　　　髙木由紀　　（以上、横浜市教育委員会）

「教師力」向上の鍵
──「メンターチーム」が教師を育てる、学校を変える！

2011年3月31日　初版発行
2013年4月19日　2刷発行

編　著	横浜市教育委員会
発行者	長　茂
発行所	株式会社 時事通信出版局
発　売	株式会社 時事通信社
	〒104-8178 東京都中央区銀座 5-15-8
	電話 03-3501-9855　http://book.jiji.com

STAFF

編　集	時事通信出版局（舟川修一・坂本建一郎・梅澤美奈子）
装幀・DTP	梅井裕子（デック）
校　正	駒村利男（ゼロメガ）

印刷所：大日本印刷株式会社
© 2011 Yokohama City Board of Education
ISBN 978-4-7887-1158-7 C0037 Printed in Japan
落丁・乱丁はお取り替えいたします。定価はカバーに表示してあります。

MEMO

時事通信出版局・刊

授業力向上の鍵
ワークショップ方式で授業研究を活性化！

横浜市教育センター　編著

B5判　160頁　定価:2415円（税込）

ワークショップ型の授業研究で、明日の授業が変わる！ 教師としての授業力を高めるために、すぐに取り組めるマニュアルと豊富な実践例を紹介。どうすれば「授業力」は高まるのか。横浜市が4年にわたり研究してきた成果を全国に発信。

「保護者力」養成マニュアル
学校＆先生と上手に付き合うために

佐藤晴雄　監修

B5判　152頁　定価:1680円（税込）

学校の仕組みや制度についての詳細な解説、「困った先生」との接し方など、学校・教師と保護者が上手に付き合うためのコツが満載！

教育論議の作法
教育の日常を懐疑的に読み解く

広田照幸　著

46判　264頁　定価:1680円（税込）

教育界の怪しいコトバに騙されるな！──教育問題を自明視するのではなく、少し日常から引いた視点でとらえ直して、新しい教育の可能性を問いかける。

モバイル社会を生きる子どもたち
「ケータイ」世代の教育と子育て

近藤昭一　著

46判　292頁　定価:2100円（税込）

子どもたちは、なぜ「ケータイ」に魅入られ、メールやプロフ、ブログに依存するのか。この疑問を心の成長を視点に解明し、モバイル社会に必要な教育・子育てを提言する。「ケータイ」世代の教育・子育ての課題を解き明かす、子育て世代・教育関係者必読の書！